AF391560

MONOGRAPHIE

DE LA

COMMANDERIE DE CAIGNAC

(ORDRE DE MALTE)

PAR

M. Raymond CORRAZE

CURÉ DE CAIGNAC EN LAURAGAIS

TOULOUSE

IMPRIMERIE ET LIBRAIRIE ÉDOUARD PRIVAT

45, RUE DES TOURNEURS, 45

—

1900

MONOGRAPHIE

DE

LA COMMANDERIE DE CAIGNAC

(ORDRE DE MALTE)

MONOGRAPHIE

DE LA

COMMANDERIE DE CAIGNAC

(ORDRE DE MALTE)

PAR

M. Raymond CORRAZE

CURÉ DE CAIGNAC EN LAURAGAIS

TOULOUSE

IMPRIMERIE ET LIBRAIRIE ÉDOUARD PRIVAT

45, RUE DES TOURNEURS, 45

—

1900

INTRODUCTION

« Le douzième siècle, qui est, dans toutes les
« sphères de l'activité humaine, une ère d'innova-
« tion, devait créer un genre de vie monastique
« tout à fait spécial, les ordres religieux et mili-
« taires. La chrétienté avait besoin de soldats
« pour défendre ses frontières; habituée, par les
« services multiples des Clunisiens, à demander
« aux moines toutes sortes de secours, elle voulut
« aussi des moines-soldats[1]. »

L'Ordre militaire et religieux des chevaliers de
Saint-Jean de Jérusalem, appelés plus tard chevaliers de Rhodes et chevaliers de Malte, naquit
donc avec les croisades, ou, pour parler plus exactement, quelque temps avant les croisades. D'a-

---

1. Garreau, *État social de la France*, p. 446.

bord, et par sa première institution, ce fut un Ordre hospitalier et s'adonna aux œuvres de charité purement corporelles envers les pèlerins que la piété enthousiaste de ces siècles de foi emportait outre-mer pour visiter les Lieux-Saints. Il devint ensuite, par la force des choses, un Ordre militaire, lorsqu'il fut impossible à ces pieux voyageurs d'atteindre leur but et de satisfaire leur dévotion, sans être protégés par la force armée contre les attaques des Sarrasins qui les massacraient sans pitié, les jetaient dans les fers et les maltraitaient cruellement.

Alors, l'Hospitalier sentit l'impérieuse nécessité de ceindre l'épée pour remplir plus efficacement son ministère. La première charité n'était-elle pas de sauver la vie de ses frères avant de secourir leur détresse et de panser leurs blessures? Les Hospitaliers n'eurent pas à se repentir, dans la suite, de cette innovation peu conforme à leur institution première. L'épée ne fut jamais lourde à leurs mains, et ceux qui ont lu leur histoire, dans l'abbé de Vertot, savent quelle ample moisson de gloire ils récoltèrent sur les champs de bataille de la Palestine, où, pendant deux siècles, on les vit, toujours au premier rang des armées chrétiennes, accomplir des prodiges de valeur, prodiguer héroïquement leur sang pour la plus noble et la plus sainte des causes.

Quand les pèlerins sauvés et défendus par cette glorieuse milice, quand les croisés témoins de cet impassible héroïsme rentrèrent dans leur patrie, ce fut un concert unanime de louanges, d'admiration et de reconnaissance. Cette bravoure chevaleresque, auréolée de religion et de charité, exerçait sur ces âmes simples une irrésistible fascination. Rois et princes, comtes et barons, ambitionnèrent, comme un honneur précieux, la faveur de revêtir le manteau écarlate à croix blanche des chevaliers de Saint-Jean. D'autres, en grand nombre, se dépouillèrent de leurs biens pour soutenir cet Ordre naissant, en sorte que, dans l'espace d'un siècle, les Hospitaliers se trouvèrent être à la tête d'immenses territoires et de richesses considérables.

Ils groupèrent alors leurs possessions, les rattachèrent les unes aux autres, et les érigèrent en préceptoreries ou commanderies. A la tête de ces *préceptoreries*, il y avait un *précepteur* ou *commandeur,* chargé d'en recueillir les revenus et d'en transmettre une partie au trésor de l'Ordre;

c'était ce qu'on appelait payer la *responsion*[1]. Le reste de ces revenus demeurait acquis au commandeur pour l'entretien des chevaliers, des prêtres de l'Ordre, des frères servants, des *donats*[2] et aussi pour les réparations et améliorations qu'il devait apporter aux maisons et aux biens de l'Ordre.

C'est l'histoire de l'une de ces commanderies, établie au douzième siècle à Caignac[3], en Lauragais, que j'offre aujourd'hui à ceux qui ont le culte des choses du passé.

L'histoire des petits villages de nos vieilles provinces est, on le comprend aisément, dépourvue de tout intérêt général. Qu'on ne cherche donc pas, dans ces quelques pages, des considérations plus ou moins élevées. On n'y trouvera que quelques faits et beaucoup de détails, peu importants en apparence, mais que j'ai cru devoir conserver fidèlement, convaincu que des détails sortent les idées

1. Du Bourg, p. 3.

2. On appelait *donats* des personnes de l'un et de l'autre sexe qui *donnaient* tous leurs biens à l'Hôpital, se *donnaient* elles-mêmes et demandaient à prendre l'habit de la religion dans quelqu'une des maisons de l'Ordre.

3. Caignac, 400 habitants environ, canton de Nailloux, arrondissement de Villefranche.

générales et la large synthèse historique. A cet unique point de vue, mon humble travail présentera quelque intérêt et aura son utilité. La plus petite pierre ne trouve-t-elle pas sa place dans le grand édifice?

M. du Bourg, aujourd'hui bénédictin, a écrit l'*Histoire du grand prieuré de Toulouse*. C'est une œuvre solide, substantielle, d'une érudition aussi abondante que judicieuse, et qui représente surtout une somme énorme de travail. On y trouve des notes sur les trente commanderies qui formaient le grand-prieuré de Toulouse, et sur une vingtaine d'autres commanderies dépendant du grand-prieuré de Saint-Gilles, dont les archives étaient conservées à l'hôtel Saint-Jean[1]. La matière était trop étendue pour que le savant archéologue pût entrer dans le détail; il a dû se borner et se contenter de noter les choses essentielles, laissant dans l'ombre des riches layettes de l'Ordre beaucoup de documents qui peuvent nous intéresser et nous instruire.

Ce que M. du Bourg ne pouvait faire dans un ouvrage d'histoire générale, j'ai cru pouvoir le

---

1. A côté de l'église Notre-Dame la Dalbade, à Toulouse.

tenter dans cette monographie, où j'ai voulu grouper et compléter, pour la commanderie de Caignac et pour le chef-lieu seulement de cette commanderie, les quelques notes publiées dans l'*Histoire du Grand-Prieuré* et les documents inédits que j'ai pu recueillir au cours de mes recherches.

Puissé-je n'avoir pas été trop au-dessous de ma tâche, et, malgré l'admiration profonde que j'éprouve pour les siècles du Moyen-âge et leurs institutions, puissé-je avoir fait œuvre de vérité et de justice!

Juillet 1900.

SOURCES

I. — IMPRIMÉS.

Du Bourg, *Histoire du Grand-Prieuré de Toulouse.* Toulouse, Sistac, 1883; in-8°.

Léon Clos, *Notice historique sur Castelnaudary et le Lauragais.* Toulouse, Privat, 1880; in-8°.

L. Garreau, *État social de la France au temps des croisades.* Paris, Plon, 1899; in-8°.

A. Molinier, *Étude sur l'administration féodale dans le Languedoc.* Toulouse, Privat, 1873; in-8°.

II. — MANUSCRITS.

Archives départementales de la Haute-Garonne, fonds de Malte.

Archives du Parlement de Toulouse.

Archives communales de Caignac.

N. B. — Pour les pièces originales que nous citons, nous donnons le numéro de la layette et le numéro de la pièce. Pour les visites, soit générales, soit particulières de la commanderie, nous indiquons l'année.

CHAPITRE PREMIER.

Fondation de la Commanderie.

Fondateurs et origines de la commanderie. — Les chartes de fondation. — Développement de la commanderie.

Les premiers fondateurs de la commanderie de Caignac furent les seigneurs de Laurac. « La « capitale du Lauragais, dit M. Léon Clos, dans sa « *Notice historique sur le Lauragais et la séné-* « *chaussée de Castelnaudary*, fut, pendant long- « temps, Laurac-le-Grand, château-fort situé sur « un mamelon à l'origine des contreforts de la « Piège et qui donna son nom au pays[1]. »

Ces seigneurs de Laurac, *dont l'histoire est fort obscure*[2], nous sont connus sous les noms de Guillebert ou Gilabert et de Sicard. Ce furent de puissants et magnifiques seigneurs, ayant sous leur dépendance les châteaux d'Avignonet, de

1. Léon Clos, *Notice historique sur le Lauragais*, p. 24.
2. Id., *ibid.*, Pièce justificative n° I.

Castelnaudary, de Montréal et de Laurac ; ce qui leur permettait de dominer toute la contrée qui va de Villefranche-de-Lauragais jusqu'au delà de Montréal d'Aude, et d'étendre leur protection sur tous les petits seigneurs locaux, si nombreux dans nos contrées.

En 1123, un Gilabert de Laurac est le témoin d'un contrat d'alliance défensive, passé entre Alphonse, comte de Toulouse, et Bernard Athon, fils d'Hermengard, vicomte de Béziers, en présence de l'Evêque d'Albi, de Pierre de Caraman, de Bertrand de Villemur, de Willelm de Castelnau, etc., etc.[1]. (*Preuves de l'Histoire de Languedoc,* t. V, pp. 907, 908.)

Le vicomte de Béziers et de Carcassonne était, en effet, leur suzerain. C'est entre ses mains qu'ils prêtaient le serment de fidélité, et c'est de lui qu'ils déclaraient tenir leurs nombreux fiefs, comme le prouve ce texte de l'*Histoire de Languedoc,* cité par M. Léon Clos : *Et debet habere talem Sicardum, ut juret ipsi Rogerio castellum de Avenione et Castrum novum, sicut factum fuit patri suo Bernardo Athoni vicecomiti.* (*Histoire générale de Languedoc,* t. II, p. 434[2].)

On ne saurait conclure de ce texte, comme l'a

---

1. Léon Clos, *Notice historique sur le Lauragais,* p. 93.
2. Id., *ibid.,* p. 24.

fait M. Léon Clos, à qui nous l'empruntons, que les seigneurs de Laurac prenaient ce titre de vicomte, ce titre se rapportant, dans la phrase précitée, non pas à Sicard de Laurac, mais bien au vicomte Bernard Athon, père de Roger, vicomte de Béziers.

La croisade contre les Albigeois (1209-29), si funeste à la noblesse languedocienne, fut désastreuse pour les seigneurs de Laurac, qui, on le devine bien, se rangèrent sous la croix tréflée des comtes de Toulouse. Cependant cette illustre lignée ne fut pas anéantie, comme tant d'autres, sur les champs de bataille de la croisade, puisque au quatorzième et au quinzième siècles, nous trouvons des de Laurac enrôlés dans cet Ordre de Saint-Jean, que leurs pères avaient, au temps de leur puissance, si richement doté (Jourdain de Laurac, commandeur de Saint-Narcens, 1370-1372 ; Jean de Laurac, commandeur de Renneville, 1413-1424)[1]. Mais ce fut pour elle une véritable déchéance et elle ne s'en releva plus.

Entre les années 1130 et 1140[2], quelque temps

---

1. Du Bourg, *Histoire du grand prieuré de Toulouse*, pp. 115 et 526.

2. En 1136, d'après M. Du Bourg. Mais la première charte de donation n'est pas datée. — Une autre donation sans importance faite à l'Hôpital de Caignac, par une dame du nom de Riesenda Maurina, en 1145, prouve que la commanderie existait déjà à cette dernière date. (Arch. départ. de la Haute-Garonne, fonds de Malte, liasse I, n° 4).

avant la deuxième croisade (1148), alors que tous les chevaliers, capables de porter l'épée, se préparaient à passer outre-mer, Gilabert de Laurac, sa femme Nave, et leurs fils, Gilabert, Sicard, Gausbert et Hugues, donnèrent tout *l'honneur* appelé *Caniag*, l'église et le village érigé en *salvetat* ou lieu de franchise, et le remirent, à la pieuse intention d'obtenir le pardon de leurs péchés, entre les mains de Raymond de la Bruguière et d'Yzarn de Puysubran (Pexiora), représentants de l'Ordre de l'Hôpital Saint-Jean de Jérusalem.

Ce Gilabert de Laurac, dont nous avons déjà trouvé le nom, était le même qui, au commencement du douzième siècle, avait comblé de ses bienfaits la commanderie de Pexiora ou Puysubran, la première fondée dans le Lauragais [1].

Il était stipulé dans ce premier acte de donation que les habitants de Caignac : 1° ne seraient pas tenus de payer des redevances en nature, *non darent civatam, nec paleam, nec ova, nec caseum, nec boves, nec asinos, neque caulos, neque poiros;* 2° qu'ils seraient exempts de corvée et de charroi, *nec ire ad castrum fodere, nec boves ducere a careg;* 3° que les nouveaux seigneurs, les chevaliers de Saint-Jean, seraient les

---

1. Du Bourg, *Hist. du Grand-Prieuré de Toulouse,* pp. 147, 150, 151.

défenseurs de la ville, *amparatores et defensores illius villæ.*

C'était un affranchissement complet. On ne peut que rendre hommage au sentiment chrétien qui l'inspirait et regretter que la volonté première des donateurs n'ait pas été, dans la suite, respectée.

Pierre-Raymond de Gorville ou Gourville (de Goirovilla) abandonna aussi à l'Ordre de Saint-Jean tous les droits qu'il possédait sur la dîme, l'église, les prémices, les oblations et le cimetière de Caignac, droits d'albergue, de justice, de forge, de four, de dépaissance, l'agrier, 4 deniers sur chaque *casal*[1], etc., etc...

Les autres seigneurs voisins, qui, eux aussi, possédaient des droits et des redevances à Caignac, s'empressèrent de suivre cet exemple. Ce furent Pons, Magfred et Guillaume-Bertrand de Gibel (de Gibello) qui prirent pour témoins de leur donation Raymond de Saint-Léon et son fils

---

1. Le casal, *casale*, mot que l'on rencontre fréquemment dans les chartes et contrats du Moyen-âge, était une maison, *casa*, avec le jardin et la terre labourable qui en dépendaient. C'est ce qui explique que le mot patois *casaü* désigne en certains endroits la maison, en d'autres, le jardin.

Le cens ou impôt perçu à raison du « casal » s'appelait *casalage, casalagium.*

(Glossar. Cangii. Parisiis. Sub oliva Caroli Osmont. 1773.)

Guillaume, Pons de Toulouse, Pierre Amiel (Amelii), prêtre, et Raymond Magfred d'Auterive (de *alta-ripa*).

De même Willem-Odon de la Louvière (de la Lobera), ses enfants et la fille de Raymond Magfred, et Guilabert de Laurac, ses enfants et sa femme, en présence de Bernard Mir de Laurac, W. Pons de la Tour (de Turre), de Bertrand de Belpech (de Bel pug), de Raymond de Amancas et Guill. Bertrand de Gibel.

Ce sont ensuite Raymond-Guillaume et Pierre-Etienne de Caignac, Arnaud de Caignac, Pierre-Raymond, Bernard-Pierre, Pons Gasc, Pierre Got et Raymond Garard.

Pons Faber ou Faure donna la forge et Pierre Amiel, prêtre, qui détenait la chapellenie (capellaniam), en fit la remise à Yzarn de Puysubran et aux autres Frères de l'Hôpital.

Cette première charte, ou plutôt ce fragment de cartulaire, sans date, porte la suscription suivante : « *Hœc est carta de Caniaco, de principio* « *Salvetatis et de bastimento castelli.* Ceci est la « charte de Caignac, des commencements de la « Salvetat, et de la construction du château[1]. »

Le premier élan était donné. Pendant un siècle,

---

1. Voir Pièce justificative n° I.

de 1150 à 1250, les donations vont se succéder et se multiplier, sans que l'enthousiasme qui les inspire paraisse jamais se refroidir. La réputation des ordres militaires et religieux était, à cette heure, si éclatante, toute faite de religion, d'austérité, de sacrifices, d'héroïsme! Tous ceux, puissants feudataires ou petits seigneurs, qui ne pouvaient s'y enrôler, s'empressaient de les enrichir, et ce n'est pas sans une religieuse émotion qu'on ouvre ces vénérables parchemins jaunis par le temps, testaments, actes de donation, reconnaissances, libéralités des grands seigneurs, humbles aumônes de manants, qui sont tous des cris de foi de chrétiens ardents, désireux de contribuer au rachat du tombeau de Jésus-Christ, et, en même temps, des hommages solennels rendus à la glorieuse milice des Hospitaliers.

Et les motifs qui inspirent ces bienfaits sont profondément chrétiens. C'est pour la rémission de leurs péchés, pour le soulagement et la délivrance des âmes de leurs parents défunts, pour le rachat de leurs âmes, pour les pauvres de l'Hôpital d'outre-mer, que tous ces hommes se dépouillent ainsi de leurs biens.

Qu'on nous permette de citer ici les principaux de ces actes.

En 1147, c'est Pons de Cossag (de Cossago) et

son fils Raymond qui donnent leur fief noble des Cazalèdes ou Cazalères, en présence de Guillaume, chanoine de Saint-Amadour (de Sancto Amatore)[1].

La même année, c'est Beg de Calmont (de calvo monte) qui se défait de tous ses droits en faveur de l'Hôpital de Caignac, imité en cela par ses frères Rigaud, Guillaume et Matfred; ce dernier pour réparer une injustice (malefactum) commise par lui au préjudice de Bernard de Puysubran, en lui enlevant 5o sols de Melgueil[2].

En cette même année 1147, mentionnons encore les donations de Pons, Pierre et Bernard de Saint-Michel[3].

En 115o, entrons dans la maison de l'Hôpital de Caignac, et nous y verrons Arnaud-Amelius et Bernard d'Enganel et leurs enfants céder à Arnaud de Boville et à tous les Frères futurs tous leurs biens, en présence de Jean de Saint-Félix, de Raymond de Sainte-Camelle et de Pons de Gardouch[4].

En 1156, donation faite par Raymond de Siuraguel, ses frères Raymond et Guillaume, et leur

---

1. Arch. départ. de la Haute-Garonne, fonds de Malte, l. I, n° 6.

2. *Ibid.*, n° 8.

3. *Ibid.*, l. I, n° 9.

4. *Ibid.*

sœur Gulielme, en présence de Beg de Calmont et de B. et Guil. de la Roche[1].

En 1166, le chevalier Arnaud Guillaume et sa femme Bertrande font la donation de tous leurs biens entre les mains de Dom Dominique, abbé de Boulbonne, du prieur de l'Hôpital de Caignac, de Will. de Belot (Beloti) et d'Augier de Calmont. Cette donation fut approuvée et confirmée par le seigneur Sicard de Laurac et elle eut comme témoins Guilabert de Laurac, Gerbert de Gibel, Arnaud de Belpech et Jean de Combe[2].

En 1167, c'est encore Beg de Calmont, sa femme Nassera et leur fille Martine qui donnent aux Hospitaliers un homme et deux femmes, et reçoivent en retour xv sols tolzans[3].

En 1168, donation de Pons d'Estancengs[4].

En 1169, Pons de la Serre et sa femme Raymonde, et leurs enfants, Raymond et Amaury, laissent tous leurs biens à Foulques de Nesse, maître de Toulouse et Gascogne, pour les remettre à l'Hôpital de Caignac[5].

En 1175, c'est Guillaume de Saint-Jean qui

1. Archives départementales de la Haute-Garonne, fonds de Malte, l. I, nᵒ 15.
2. *Ibid.*, nᵒ 18.
3. *Ibid.*, l. I (sans numéro).
4. *Ibid.*, nᵒ 20.
5. *Ibid.*, nᵒ 28.

teste en faveur de Sicard de Laurac, de sa femme Tiburge et de leurs enfants, pour lesquels il a une grande affection, à la charge par eux d'en faire la remise à l'hôpital dont Aiceline de Saint-Michel est devenue la première commanderesse (il s'agit ici de l'Hôpital du Rival)[1].

En 1201, c'est la donation de Bernard de Saint-Michel[2], et en 1205, c'est la sœur de Raymond de Varniole, coseigneur de Lagarde, qui fait le don de tous ses biens, meubles et immeubles, en présence de frère Raymond de Rieux et de Raymond de Pech-Alzeu[3].

En 1209, enregistrons les donations de Bernard et Bertrand de Durban[4], d'une illustre famille, de Pons de Saint-Léon et de sa femme Raymonde[5].

L'année 1211 fut le témoin des donations de Raymond de Sainte-Camelle[6], de Bernard de Martel[7]. Elle vit aussi celle de Pierre d'Athon et de *W. de Sero* (de Seyre?), en présence de Bernard de Durban, de frère Bertrand de Durban, de

---

1. Arch. départ. de la Haute-Garonne, fonds de Malte, l. I, n⁰ 39.
2. *Ibid.*, n⁰ 52
3. *Ibid.*, n⁰ 60.
4. *Ibid.*, n⁰ 63.
5. *Ibid.*, n⁰ 64.
6. *Ibid.*, n⁰ 70.
7. *Ibid.*, n⁰ 71.

frère R. de Rieux, de Bertrand de Gibel et de W. et de B. de Pech-Alzeu (de Podio-Alzeni) et de R. des Alamans qui écrivit l'acte[1].

En 1215, donation de frère Pons, commandeur de Caignac, de B. de Tréville (Tresvila) et d'Arufat[2].

En 1224, réception de Willelm Vital comme donat de l'Hôpital, à qui il apporte tous ses biens[3].

En 1236, Raymond Roger de Saint-Michel fait une donation à la commanderie de Caignac, pendant sa maladie, mais cependant, *cum suo bono sensu et sua perfecta memoria*, avec encore tout son bon sens et toute sa mémoire[4].

En 1240, testament d'Arnaud de Castelar[5], etc., etc.

Nous n'avons pas mentionné, à sa place chronologique, un document fort important de 1171, et c'est son importance même qui lui vaudra une mention plus spéciale. Cet acte, que nous reproduisons en entier à nos Pièces justificatives, fut comme le couronnement de toutes ces pieuses libéralités, que nous venons d'énumérer.

Par lui, les chevaliers de Saint-Jean furent ren-

1. Arch. départ. de la Haute-Garonne, fonds de Malte, l. I, n° 72.
2. *Idem,* n° 76.
3. *Idem,* n° 97.
4. *Idem,* n° 84.
5. *Idem,* n° 89.

dus maîtres absolus de tout le territoire de Caignac, et tous les droits utiles ou honorifiques attachés à cet « honneur » furent placés entre leurs mains. C'était la donation première de Gilabert de Laurac, dont nous avons déjà parlé, donation qui fut reprise, confirmée, renouvelée et complétée par son fils Sicard I, ses frères Gilabert, Gausbert et Hugues, et ses enfants au nombre de quatre, Sicard II, Guillaume-Pierre, Gilabert et Hugues Bonafoz[1].

Qu'on nous permette d'analyser brièvement ce document qui est la véritable charte de fondation de Caignac.

Sicard de Laurac y rappelle d'abord ce que son père et ses frères firent pour l'Hôpital de Caignac, et il entend, par cet acte plus solennel et plus explicite, renouveler cette même donation, *sine ulla retentione*, sans en rien retenir.

Son but, celui de ses enfants et de ses frères, comme celui de son père Gilabert, est de fonder à Caignac une *Salvetat* ou lieu de franchises et d'obtenir, par cette œuvre de religion et de liberté, la rémission de leurs péchés.

Les Hospitaliers ou chevaliers de Saint-Jean : 1° pourront bâtir dans leur alleu de Caignac

1. Voir Pièces justificatives n°s 1 et 2. — Cf. du Bourg, *op. cit.*, pp. 118-119.

(*in vestro alode*) et à la place par eux choisie un château (*castellum*) et des remparts (*forcias*) pour s'y défendre, le tout absolument indépendant de la puissance des anciens seigneurs.

2° Ils pourront y recevoir autant de clercs, de marchands et de vilains qu'ils le voudront;

3° Ils prélèveront sur eux le cens et les oblies; ils auront encore droit de fournage (*furnos*), droits de forge (*fabricam*) et de dépaissance (*paschua et custodiam pastorum*);

4° Ils s'engagent à chasser de leurs murs, soit de jour soit de nuit, tous les voleurs, rôdeurs et pillards qui y auraient pénétré;

5° Ils pourront exiger le serment de fidélité (*fiduciam*) de tous les habitants de Caignac, et ils percevront les amendes qui seront infligées aux coupables (*justitias*);

6° Ils seront les seigneurs suzerains de Caignac, en sorte que si les tenanciers de Raymond Matfred de Calmont, d'Ermessinde de Saint-Michel, d'Ysarn d'Adhémar et de Guillaume-Bertrand de Gibel refusaient à leurs seigneurs respectifs les services auxquels ils ont droit, le prieur de l'Hôpital (de Toulouse) ou en son absence, le ministre de la maison de Caignac (le précepteur) seront les arbitres souverains de tous ces différends.

Ces mêmes seigneurs Raymond Matfred de Calmont et ses frères Bernard Athon et Guillaume Pierre, Ermessinde de Saint-Michel et son gendre Ysarn d'Adhémar, Raymonde et son mari, Guillaume de la Louvière (de Luperia) et leurs enfants Aelric, Odon et Bertrand confirment et approuvent, tous, cette donation de Sicard de Laurac, leur suzerain, et, à leur tour, font l'abandon de tous les droits qu'ils possèdent à Caignac, en faveur de l'Hôpital, et s'engagent, sous la foi du serment, à ne jamais revenir sur leurs promesses.

De leur côté, les seigneurs de Laurac : 1° promettent secours et protection aux chevaliers de Saint-Jean en toutes leurs difficultés ;

2° Ils s'engagent de plus, s'il leur arrivait d'entrer en guerre avec l'un de leurs voisins (chose assez fréquente à cette époque), à respecter et à faire respecter par leurs troupes le territoire qu'ils viennent de donner à l'Ordre de Saint-Jean de Jérusalem (*non inde facere guerram, neque de guerra ibi redire*).

Et afin de rendre cette donation plus ferme et plus stable (*firmius et stabilius*), Sicard de Laurac, ses frères et ses enfants, en appellent au témoignage même de Dieu, lèvent la main sur les saints Evangiles et s'engagent, sous la foi d'un serment irrévocable, à en respecter toutes les clauses.

Ceci se passait au mois de septembre de l'an de l'Incarnation 1171, *regnante Lodoycho rege apud Francos*, Louis régnant en France, et en présence d'Arnaud de Varagne (Varanat), R. Hugo, A. de Villafaulenc, W. du Pin, de Bernard, chapelain d'Arsac et de P. d'Auterive qui écrivit cette charte.

En même temps que l'Ordre de Saint-Jean acquérait l'entière seigneurie du lieu de Caignac, il s'enrichissait de nombreuses redevances, terres, fiefs et droits seigneuriaux, dans les dîmaires voisins de Saint-Julien, de Saint-Paul et de Saint-Rémi-de-Lagarde (Lauragais), de Saint-Caprais et de Saint-Sernin-de-Marquein, de Saint-Jean-du-Rival, de Saint-Michel-de-Lanés, de Saint-Jean-de-Caprescorjade, de Gourville, de Saint-Félix-de-Valflour, Saint-Sauveur-de-Salles, Gardouch, Montgeard et Viviers (Nailloux).

Les Hospitaliers s'empressèrent alors de donner à leurs biens cette organisation spéciale et supérieure qui devait braver les siècles. Les vœux exprimés par les seigneurs de Laurac, dans leur charte de 1171, répondaient d'ailleurs à une nécessité impérieuse. Au centre de toutes ces possessions, ne fallait-il pas élever la tour féodale, qui serait à la fois un moyen de défense et un signe de force? Et si les Hospitaliers n'entreprirent pas sur-le-champ la construction d'un vrai château, du moins ils se hâtèrent d'élever, non loin de l'église Saint-Etienne qui existait déjà, une enceinte fortifiée, symbole de la puissance dont ils étaient désormais investis, enceinte destinée à attirer et à protéger leurs vassaux.

Cette importante construction, nous le verrons plus tard, fut achevée vers la fin du treizième siècle.

Elle fut suivie de près par la concession faite à la ville de Caignac d'une charte de coutumes accordée par le prieur de Saint-Gilles, Guillaume de Villaret, en l'an 1299. C'était reconnaître l'existence légale de cette communauté[1] naissante. Malheureusement le parchemin de ce vénérable document nous est parvenu bien amoindri, tout rongé sur les bords, et l'écriture en est devenue illisible.

Dans les premières années du quatorzième siècle, et après le trop fameux procès des Templiers, les Hospitaliers, par décision du concile de Vienne (1313), furent mis en possession de tous les biens de leurs malheureux frère d'armes. Copadel, situé dans le dimaire de Saint-Félix-de-Valflour, la seigneurie spirituelle et temporelle du village de

____

[1]. Communauté s'entend ici dans le sens de commune.

Canens, au diocèse de Rieux, et la commanderie de la Nougarède ou la Cavalerie de Pamiers, telle fut la part qui revint à la commanderie de Caignac, dans la répartition de ces riches dépouilles.

Dans le courant du quinzième siècle, les commanderies du Rival (comprenant les membres de Saint-Michel-de-Lanès et Gourville), de Saint-Jean-del-Thor ou Boulbonne (comprenant Aignes, Cintegabelle, Saint-Quirc, Saverdun, Salles, Siuraguel), de Notre-Dame de Salan (comprenant Saint-Girons, Audinac et Seix), trop peu importantes pour se suffire à elles-mêmes, furent annexées à la commanderie de Caignac, qui devint ainsi le chef-lieu d'une circonscription considérable et par son étendue territoriale et par les droits nombreux qu'elle conférait au commandeur.

C'est l'étude de ees droits, dans le chef-lieu de la commanderie seulement, qui va faire l'objet des chapitres suivants.

CHAPITRE II.

La seigneurie spirituelle et l'église.

La dîme. — Nomination du curé ou vicaire perpétuel. — Droit
de visite. — L'Église.

Les archives de Malte nous apprennent que le
4 mai 1254, Guillaume l'Écrivain, précepteur de
Montpellier, et Guillaume d'Izarni, archiprêtre de
Rieux, arbitres choisis par l'Ordre des Hospitaliers et l'Évêque de Toulouse pour mettre fin aux
différends qui s'élevaient sans cesse entre eux, au
sujet de leurs droits spirituels, désignèrent les
églises qui devaient être soustraites à la juridiction épiscopale de l'Évêque de Toulouse[1]. Entre
autres, nous relevons sur cette liste : Saint-Etienne
de Caignac, Saint-Jean de Caprescorjade, Saint-
Jean du Rival, Saint-Jean de Boulbonne ou del
Thor, Saint-Baudile d'Aignes.

1. V, du Bourg, *op. cit.*, pp. 4 et 5.

A cette époque, toutes ces églises appartenaient au diocèse de Toulouse. En l'an 1318, sous le pontificat de Jean XXII, elles furent annexées au nouvel évêché de Mirepoix, en conservant leurs privilèges d'exemption. Avec, plus tard, celles de Canens (diocèse de Rieux), Saint-Quirc (Mirepoix), et Notre-Dame de Salan, au fond des Pyrénées (Couserans), ces églises relevaient du pouvoir spirituel du commandeur de Caignac.

Ce dernier possédait, en outre, quelques droits spirituels et des portions de la dîme dans les paroisses de Saint-Michel de Lanès, de Gourvielle, de Saint-Julien de Lagarde (Mirepoix), d'Encourrech, Saint-Martin et Seix, près Saint-Girons (Couserans).

Et ne nous étonnons pas que le Saint-Siège ait toléré cette immixtion du pouvoir laïque dans le gouvernement de l'Eglise, immixtion qui nous paraît abusive et qui, en réalité, n'est qu'apparente, du moins en ce qui concerne les Hospitaliers. L'Ordre de Saint-Jean de Jérusalem était un Ordre militaire, mais aussi religieux, canoniquement approuvé, faisant des vœux reconnus par l'Eglise et rendant, surtout à l'origine, d'immenses services à la chrétienté. Sa création, comme celle des Sœurs de Charité au dix-septième siècle, répondait à un besoin de l'Eglise. On ne saurait trouver étrange que celle-ci, reconnaissante, ait voulu enrichir les Hospitaliers de Saint-Jean dans l'ordre spirituel et les soustraire à la puissance épiscopale, privilège dont bénéficiaient, à cette époque, nombre de grands feudataires et d'abbayes.

Les commandeurs se montrèrent jaloux de défendre ces droits légitimement acquis et qui étaient pour eux une source de revenus. On pourrait même affirmer que l'histoire de beaucoup de commanderies se résume dans les procès soutenus, à diverses époques, par les commandeurs, pour maintenir le droit de dîme et en jouir paisiblement.

Les principales attributions du seigneur spirituel étaient au nombre de trois : droit de percevoir la dîme, de nommer le curé et de visiter son église qui était exempte de la juridiction épiscopale.

Le commandeur de Caignac avait donc le droit de percevoir la dîme, puisqu'il était, sans contestation, comme sans partage, seigneur spirituel.

La dîme était, ainsi que le mot l'indique (*decima*), un impôt ecclésiastique qui consistait à prélever la dixième partie de toute récolte. Il n'y

eut jamais à Caignac — les archives en font foi —
que des dîmes *réelles*, c'est-à-dire prélevées sur
les fruits de la terre ou le croît des animaux. On
n'y trouve pas trace de dîmes personnelles, celles-
ci plus vexatoires, qu'on percevait quelquefois sur
le fruit du travail et sur le salaire.

Dans le procès-verbal de la visite *particulière*
du 22 septembre 1753, la seule qui existe et la plus
claire au point de vue des droits du commandeur,
nous lisons : « En ladite qualité de seigneur spi-
« rituel, prieur et curé primitif, le commandeur a
« le droit de nommer à la vicairie perpétuelle de
« l'église dudit lieu, qu'il prend l'entier droit de
« dixme de tous grains excroissants en la dite
« paroisse, des bleds, mixtures, seigles et orges,
« avoine, cochons, oysons, chanvres, foins,
« agneaux, laines et vendanges, sur les champs et
« vignes de *dix un* et du millet et des légumes de
« *douze un*[1]. »

Les tenanciers se sont-ils jamais refusés de
payer cet impôt? Nous savons qu'à la fin du quinzième siècle, en 1478, un procès était pendant
entre le commandeur Guillaume de Calmont, de-
mandeur, et les manants et habitants (*manentes*

___

[1]. Arch. départ. de la Haute-Garonne, fonds de Malte. Visite *parti-*
culière de 1753. Visiteurs : Frère François de Nupces et frère Louis-
François de Franc-Montgey.

et habitantes) de Caignac comme défendeurs. C'était à propos du payement de la dîme que le conflit s'était élevé (*super modo solvendi fructus decimales beneficii prœdicti*). La cour archiépiscopale de Toulouse, qui était saisie de l'affaire, ne se hâtait pas de rendre une décision. Une enquête sommaire fut ordonnée à la requête du commandeur et fut conduite par les soins de Guillaume d'Avignon (*de Avenione*), notaire et habitant d'Avignonet. Les plus âgés et les plus probes d'entre les habitants furent appelés à déposer comme témoins. C'étaient Bernard Bonnet, Bernard Saffon, Bernard Rival, Jean Aycard, Pierre Paratgé, Pierre Saffon, Jean Gilabert, Jean Bonnet. Après avoir solennellement prêté le serment de dire la vérité, en levant la main sur les quatre Evangiles (*unum post aliud, more solito*), ils firent connaître le mode de perception de la dîme usité de temps immémorial, et voici leurs réponses qui nous ont été conservées[1] :

1° Depuis trente, quarante, cinquante ans et au delà, la dîme du blé et de l'avoine (*bladi, frumenti et avenœ*) se paye un compte *au huitième* et l'autre *au neuvième*.

---

1. Arch. départ. de la Haute-Garonne, fonds de Malte. l. XXV, nᵒ 3.

2° La dîme des fèves, maïs, pois et autres légumes (*fabbis, millio, pisis et aliis leguminibus*) se paye au douzième (*de duodecim cestariis, unum cestarium*[1]).

3° La dîme du pastel se paye en coques et au quatorzième (*de quatuordecim coquis, unum coquum*).

4° Pour la dîme du foin, le commandeur prend le dixième (*de decim barsellis seu burris, unum barsellum seu burram*[2]).

5° Il prend la même quantité de vendange, le dixième (*de decim sarcinatis vindemiœ, unam sarcinatam*[3]). Le commandeur est obligé de la faire prendre à ses frais.

6° La dîme des agneaux se paie au dixième. Le décimable a le choix des cinq premiers, et c'est parmi les cinq autres que le commandeur doit choisir son agneau décimal. Si le nombre de dix n'est pas atteint, il est dû au commandeur un denier tournois pour chaque agneau.

7° La dîme de la laine se perçoit aussi au dixième (*de decem velaminibus lanœ, unum velamen*).

---

1. *Sextarium :* le setier (mesure).

2. *Barsellum, burrus* ou *burra :* un tas.

3. *Sarcinata seu sarcina :* une quantité difficile à définir, *pro rei alicujus copia usurpatur.* (Du Cange.)

8° La dîme des pourceaux se paie au huitième jusqu'à concurrence de douze porcelets. Si le nombre de huit n'est pas atteint, le commandeur prend un denier tournois pour chaque pourceau (*pro unoquoque porcello*).

9° C'est l'usage que le commandeur ne prend rien pour les fromages (*de caseis*) et les fruits des jardins[1] (*ortalicia*).

10° Pour les mulets, poulains et veaux, on a l'habitude de payer 4 arditz (*quatuor arditos pro quolibet mulato*) pour chaque mulet, et 6 deniers tournois pour chaque poulain ou veau.

11° La dîme du chanvre et du lin se paie au dixième (*de decem gelinis vel manatz, unam gelinam[2] sive manat*).

12° Pour les oisons, on paie de dix un (*de decem anseribus seu aucatz unum*), et si ce chiffre n'est pas atteint, il n'est rien dû pour la dîme.

13° La dîme des poulets (*pullorum sive gallinatorum*) se paie de la manière suivante : chaque maison en élevant doit donner un poulet au commandeur, avant la Toussaint. Mais passé cette fête, c'était une belle poule qu'on devait lui fournir (*unam pullam bonam et sufficientem*).

---

1. Voir Pièces justificat., n° 1.
2. *Gelina seu gelima, id est manipulus*, gerbe.

Et l'enquête nous apprend que le commandeur Guillaume de Calmont voulut s'en tenir au serment et à la parole de ces hommes recommandables autant par leur âge que par leur honnêteté, et cela, *sine strepitu et figura judicii :* sans fracas ni autre forme de procès.

Il faut reconnaître que la dîme prélevée au huitième et au neuvième sur le blé et l'avoine était un impôt excessif, et c'était sans doute pour le faire oublier que, sur les objets de première nécessité et de consommation courante, sur le maïs et les légumes, la dîme se payait au douzième seulement. Si cette différence ou plutôt cette compensation fut provoquée par un sentiment de justice et de charité, il faut en savoir gré aux chevaliers de Saint-Jean.

D'ailleurs, même à cette époque, si opposée à la nôtre par les idées, les mœurs et les coutumes, on comprenait combien était onéreux cet impôt. Nous en trouvons une preuve frappante dans les archives. Quand la culture du pastel s'introduisit dans le territoire de la commanderie, vers la fin du treizième siècle ou au commencement du quatorzième, à combien fixa-t-on le taux de la dîme qu'on allait prélever sur cette récolte insolite? On le fixa au quatorzième et non plus au dixième. Voici ce que nous lisons dans le dernier article d'un accord, passé à cette époque, entre le commandeur et les habitants de Caignac[1] : *Item que del fayt del demo des pastels, les habitants del dict loc fasens pastels, d'aras en avant, agran a pagar et cedar al dict comandador, per causa del deyme, le* XIV *tot del pastel que se fayra.* Pourquoi cette différence et cette diminution sensible, sinon parce que décimateurs et décimés avaient nettement conscience du poids de cet impôt?

La dîme était perçue, nous l'avons dit, comme impôt ecclésiastique et pour assurer le service religieux de la paroisse. Le commandeur, étant curé primitif, la prélevait et, par là même, contractait l'obligation de pourvoir aux nécessités de ce service. Il nommait donc son vicaire perpétuel et lui fournissait sa pension.

Au début, les églises données aux Hospitaliers et exemptées de la juridiction épiscopale, furent desservies par des prêtres religieux de l'Ordre de Saint-Jean. Ces religieux, d'abord assez nombreux, suffirent pendant longtemps à assurer le service divin dans leurs églises. En cas de vacance, le commandeur présentait son candidat à

---

1. Arch. départ. de la Haute-Garonne, fonds de Malte, l. XX, nᵒ 1.

l'Evêque. Celui-ci, sur cette simple présentation et la promesse qu'on lui faisait d'assurer une pension décente au titulaire, l'acceptait et approuvait ainsi le choix du commandeur, son rôle étant, dans la circonstance, purement passif.

Nous avons trouvé la lettre de frère Jean de Rolhac, lieutenant du grand-prieur de Toulouse Jean de Ranguis, à frère Jean Cavalier, prêtre de l'Ordre[1]. Cette lettre, datée du 3 juin 1496, avait été écrite pendant une des séances du chapitre provincial du grand-prieuré de Toulouse, célébré à Fronton, et elle conférait à frère Cavalier la rectorerie de Caignac avec le droit *del Barraly* ou *del Verally*[2] et une pension de 7 francs (*pro vestiario*), six setiers de blé, mesure de Caignac, et trois barriques de vin rouge (*boni et sinceri*).

Voici un document du même genre du 2 mai 1530. C'est une requête adressée par le com-

---

1. Arch. départ. de la Haute-Garonne, fonds de Malte, l. XXIV, n° 7.

2. Nous n'avons pas pu trouver l'explication de ce qu'était ce droit *del Barrally* ou *Verraly*. Etait-ce un droit de mesure? *Barralum, Barrale, id est cadus, mensura liquidorum quæ duos et septuaginta sextarios gallicos capere solet.*

N'était-ce pas un droit qui autorisait le recteur de Caignac à assister aux cours de justice comme *judex primarius*? *Barralus, qui præsidet barræ, id est Auditorio.* Nous n'osons pas l'affirmer.

(*Glossaire* de du Cange. — Parisiis, sub oliva Caroli Osmont, 1733.)

mandeur Géraud de Massas, commandeur de Caignac et de Pexiora, à l'Évêque de Mirepoix : *Reverendo in Christo patri et domino Mirapiscium episcopo, aut vestro in spiritualibus vicario generali*[1]... Après avoir administré la cure de Caignac de 1496 à 1530, frère Jean Cavalier avait résigné ses fonctions entre les mains du commandeur, et celui-ci, soucieux de la responsabilité qui lui incombait comme supérieur spirituel, ne voulait pas que, par défaut de présentation, l'église de Caignac pût un instant souffrir de cette vacance. C'est alors que Géraud de Massas adressa sa requête à l'Evêque, le priant d'accepter très noble frère Bernard Cavalier, prêtre de l'Ordre, *plenum de legalitate, scientia, bonis moribus et honestate*, et il s'engageait à lui donner une pension de six setiers de blé, trois barriques de vin et 7 livres tournois, le tout payable à la fête de la Toussaint.

On ne peut s'empêcher de faire la comparaison entre les revenus considérables que fournissait au commandeur la perception de la dîme et la maigre pension que celui-ci faisait à son vicaire perpétuel. Ce mode de payement n'eut aucun inconvénient tant qu'un prêtre de l'Ordre de Saint-Jean

---

1. Arch. départ. de la Haute-Garonne, fonds de Malte, l. XXIV, n° 8.

dirigea la paroisse. Les liens de fraternité religieuse qui l'unissaient au commandeur en faisaient son représentant, son procureur, son commensal habituel. Mais quand les commandeurs furent obligés de faire appel au clergé séculier, le vicaire perpétuel devint alors une espèce d'officier subalterne, aux gages du commandeur, n'ayant plus droit aux mêmes égards que ses prédécesseurs, les religieux de Malte. Ce fut alors que sa pension devint insuffisante.

Voici ce que nous lisons dans le procès-verbal d'uue visite générale faite en l'année 1695 par messire Claude de Seignouret-Fabrezan, receveur au grand-prieuré de Toulouse, et frère Gausbert Gauran, prêtre religieux de l'Ordre : « Le sieur « Abadie, curé, nous a dit avoir été pourvu dudit « bénéfice par feu Mgr le commandeur de Barben- « tane, en 1650[1]; qu'il a de pension seize setiers « de bled, deux pipes de vin et 5o livres d'argent, « et qu'il a environ 400 communions, et nous « a exhibé le registre des baptêmes, mariages « et mortuaires, tenu suivant l'ordonnance du Roy. »

On le voit, la situation matérielle et pécuniaire des curés dits *à la portion congrue* n'était pas

---

1. Il y a ici erreur de date, le sieur Pierre Abadie n'ayant pris possession de son poste qu'en 1688 (mars).

brillante; elle ressemblait assez à celle des petits fermiers de l'ancien régime. Pour être vrai, il faut ajouter que le vicaire perpétuel de Caignac jouissait, à cette date (1695), d'un obit doté d'une maison et jardin servant de presbytère, obit chargé de deux messes hautes et fondé par le commandeur de Tersac-Montberault.

Enfin, les chevaliers de Malte, comme seigneurs spirituels, avaient le privilège de pouvoir visiter leurs églises, et il en fut ainsi pour l'église Saint-Étienne de Caignac. A l'origine, ce droit fut exercé par les précepteurs eux-mêmes ou les grands-prieurs, et dans la suite, au dix-septième siècle, par des visiteurs délégués à cet effet par les grands-prieurs ou les chapitres provinciaux de l'Ordre.

Ces visiteurs, au nombre de deux, étaient ordinairement un chevalier *de justice*[1] et un prêtre appartenant à l'Ordre. En ce qui concerne l'église et les curés, cette visite pourrait s'appeler une visite *canonique*, puisqu'elle remplaçait la visite épiscopale et qu'elle portait sur les mêmes points que cette dernière.

C'est grâce à ces procès-verbaux de visite soi-

---

1. On appelait chevalier de justice celui qui entrait dans l'Ordre après avoir prouvé ses quartiers de noblesse et fait valoir ses titres.

gneusement rédigés et conservés que nous avons
pu apprécier le zèle minutieux avec lequel les chevaliers ou commissaires visiteurs s'acquittaient de
leur mission. Qu'on nous permette d'insister, et il
nous sera facile de remarquer que beaucoup
d'évêques, à la même époque, ne visitaient ni aussi
fréquemment ni aussi soigneusement leurs dio-
cèses. Dans la seule année 1753, étant commandeur Jean-Joseph-Gabriel de Thomas de Gignac,
nous voyons paraître dans l'église de Caignac et
au château trois séries de commissaires visiteurs.

Le 27 juillet 1753, ce sont le commandeur de
Léaumont et frère de Lamothe, prêtre de l'Ordre
de Saint-Jean, visiteurs généraux du grand-
prieuré de Toulouse.

Le 29 août, frère Louis-Hippolyte de Varagne-
Gardouch-Bélesta, commandeur de la Tronquière,
et frère Estienne Reynes, prêtre d'obédience et
collégial de l'Ordre, sont députés par le grand-
prieur de Toulouse, messire d'Albertas-Dauphin,
« pour voir, corriger, réformer, ordonner et remé-
« dier à tous excès, manquemens, ruines, désor-
« dres qui se trouveraient tant sur les personnes
« à nous sujettes que sur les biens et domaines de
« notre Ordre. »

La même année et le 24 septembre, nouvelle

visite PARTICULIÈRE par frère François de Nupces, commandeur de Gap, en Dauphiné, et frère Louis de Franc-Montgey, députés par le vénérable chapitre provincial de l'Ordre, tenu et célébré à Toulouse, le 3o mai 1753.

Enfin, en 1755, a lieu la contre-visite des chevaliers de Franc-Montgey et de Labarthe, pour se rendre compte des réparations et améliorations demandées et ordonnées par les commissaires visiteurs.

Cette simple constatation nous permettra d'apprécier la merveilleuse organisation des biens et des églises de l'Ordre de Malte.

Bien que l'église de Caignac fût exempte de la juridiction épiscopale, les. archives nous ont cependant conservé le procès-verbal d'une visite que l'évêque de Mirepoix, Mgr J.-B. de Champflour, aurait faite en l'an 1741[1] :

« Le second jour du mois de septembre mil « sept cent quarante et un, nous, Jean-Baptiste, « par la providence divine et l'authorité du Saint- « Siège Apostolique évêque de Mirepoix, nous « sommes transportés au lieu de Caignac, où « étant sur dix heures du matin, accompagné de

---

1. Arch. départ. de la Haute-Garonne, fonds de Malte, liasse 2o. Pièce non numérotée.

« Me Pierre-Paul Mondin, prêtre, chanoine de
« notre église cathédrale, et de Me Barthélemy
« Betoise, prêtre, curé de Mazères, dans la maison
» d'un certain particulier dud. lieu, nous nous
« sommes revêtu de nos habits pontificaux, et
« ayant été conduit processionnellement à l'église
« paroissiale dudit lieu avec les cérémonies ordi-
« naires, les consuls portant le dais, après les
« prières accoutumées, nous avons donné au peu-
« ple la bénédiction pontificale. »

Dans ce procès-verbal de visite de Monseigneur
de Mirepoix, il n'est fait aucune allusion aux droits
spirituels du commandeur. Aucun éloge n'est
adressé ni au vicaire perpétuel ni à la population.
La lecture attentive de cette pièce laisse une im-
pression de froideur et même de dépit. « Nous
« avons visité la chappelle qui est dans la nef
« du côté de l'Évangile, dédiée à la Ste Vierge, et
« nous avons ordonné qu'elle demeurera inter-
« ditte. Ayant visité la chapelle du Purgatoire
« qui est du même côté, nous avons ordonné pa-
« reillement qu'elle demeurera interditte. Nous
« avons visité la chappelle qui est du côté de
« l'Epître, dédiée à St Barthélemy, et nous avons
« ordonné de même qu'elle demeurera interditte.
« Nous avons ordonné que le confessional sera
« réparé, qu'on y mettra des grilles avec des tra-

« verses et des coulisses, et que jusques à ce que
« lad. réparation sera faite, led. confessional de-
« meurera interdit...

« Nous avons demandé les revenus de la fabri-
« que. Il nous a été respondu qu'elle a six livres
« douze sols de rente. Ayant demandé les comptes
« des marguilliers, il nous a esté respondu qu'ils
« ne sont point dans l'usage d'en tenir : sur quoy
« nous avons ordonné qu'on achettera un livre en
« blanc, dans lequel on écrira la nomination des
« marguilliers, qui se fera, chaque année, en la
« forme prescrite par les ordonnances du diocèze,
« le second dimanche de janvier; qu'on marquera,
« à la tête de ce livre, les sommes dues par les an-
« ciens marguilliers, la recette tant des rentes que
« des quêtes et l'emploi desd. fonds. Nous ordon-
« nons de plus que les marguilliers rendront leurs
« comptes le jour qu'ils sortiront de charge et
« qu'ils remettront les quittances des achapts
« qu'ils auront fait. »

Notons au passage une disposition ayant pour
but d'assurer le recueillement des fidèles pendant
le plus saint des offices sacrés : « Nous ordonnons
« encore qu'il ne sera fait aucune quête dans
« l'église pendant la messe, depuis le commence-
« ment de la préface jusques après la commu-
« nion. »

Enfin, l'évêque demande à connaître le nombre de communions pascales, le nom de ceux qui n'accomplissent pas ce devoir de leur religion, les obits ou fondations, les églises succursales et les chapelles domestiques, le nom du curé, le patron de la paroisse, le jour de la fête locale et « si on « prophane ce saint jour par des danses »; et comme sur ce dernier point la réponse du curé est affirmative, il l'exhorte d'« instruire ses pa- « roissiens, d'employer la douceur et la force pro- « pres de son état pour empescher les désordres « qui se commettent.

« Sera notre présente ordonnance de visite pu- « bliée au prône de la messe de paroisse, pendant « trois dimanches consécutifs, et avons signé et « fait contresigner par notre secrétaire. »

† J.-B., év. de Mirepoix.

Par Monseigneur : BAILLÉ, secrétaire.

Entrons maintenant, à la suite des commissaires visiteurs, dans l'église de la commanderie.

Bâtie à l'extrémité et à l'ouest du village et le chœur tourné vers l'Orient, ainsi que le demandent les règles de la liturgie sacrée, elle semble protéger et couvrir les rues qui montent parallèlement jusqu'au château, pendant que la masse lourde et quelque peu inégale de son vieux clocher de briques domine la petite vallée du Gardigeol.

Que reste-t-il, dans cette construction, de la vieille église du douzième siècle donnée aux Hospitaliers par les seigneurs de Laurac? A la suite de quels événements cette église fut-elle transformée, à la fin du quinzième et au commencement du seizième siècle? Comment expliquer les fenêtres à plein cintre et la voûte à ogive? Les archives de la commanderie sont muettes sur tous ces points, et nous en sommes réduits à formuler des hypothèses. Nous avouons humblement l'insuffisance de nos connaissances archéologiques et l'impossibilité où nous sommes d'éclairer la genèse exacte de l'église actuelle.

Dans le procès-verbal d'une ancienne visite faite en 1637 par messire Denys de Polastron-la-Hillère et frère Jean-Pierre de Pau, recteur du Burgaud, docteur en théologie, prêtre de l'Ordre, nous trouvons la date des dernières réparations qui furent faites au portail de l'église par le zèle du commandeur Géraud de Massas, dont nous avons déjà rencontré le nom et dont la famille possédait, à Caignac, la terre qui porte encore leur nom. « Au-dessus du portail de la dite église sont les « armoiries de feu M. le Commandeur de Massas « et la date du temps que la dite porte fut faite. « 1534. »

Voici maintenant la description de l'église qui nous est fournie par la visite de 1695 :

« La dite église a vingt cannes de longueur et
« six de largeur, sans y comprendre les chapelles,
« toute carrelée, voûtée et blanchie à la chaux,
« bâtie de bonnes murailles de pierre, tuiles et
« briques, à chaux et à sable, le couvert fait de
« latte et tuile creux, lequel est réparé maintenant;
« le portail construit de pierres de taille, ayant
« cinq degrés pour descendre et entrer dans l'é-
« glise, la porte faite à deux battants fermant à
« clef, le tout fort propre et tenu avec décence et
« bien ajourée par des fenêtres vitrées. » (Visiteurs : Claude de Seignouret-Fabrezan, receveur
au grand-prieuré de Toulouse, et frère Gasbert-
Gauran, prieur du Temple Saint-Jean de Bordeaux (1695).

« Reçus à la porte de l'église, disent les visi-
« teurs de l'an 1753, par M. Antoine Joterat,
« prêtre et vicaire perpétuel, qui nous a donné de
« l'eau bénite et conduits avec les cérémonies ac-
« coustumées [1] au devant du maître-autel que
« nous avons visité, après y avoir fait nos prières,

---

1. Les visiteurs étaient conduits processionnellement au maître-autel,
où on chantait le *Veni Creator* et le *Tantum ergo*, suivi de la bénédiction du Saint-Sacrement donnée par le prêtre visiteur de l'Ordre, et, s'il
n'y en avait pas, par le curé de la paroisse. (*Visites*, passim.)

« et trouvé icelui orné de sa pierre sacrée, trois
« nappes, son devant d'un petit damas blanc avec
« un galon d'or faux et un cadre de bois en me-
« nuiserie, un *Te igitur,* évangile et lavabo, six
« chandeliers de laiton à pied triangulaire et un
« petit crucifix aussi de laiton, un gradin peint et
« doré sur lequel il y a un tabernacle peint en
« blanc et fileté d'or, doublé en dedans d'un taffe-
« tas blanc, dans lequel il y a un ciboire doré en
« dedans avec sa bourse ; derrière le tabernacle,
« il y a un tableau représentant un Christ, la
« Ste Vierge, St Jean l'Evangéliste, St Etienne et
« St Barthélemy, avec son cadre peint en bleu et
« les moulures en or, aux armes du commandeur
« de Barbentane.

« Puis le banc seigneurial aux armes du même
« commandeur, du côté de l'Evangile, et le banc
« pour les prêtres du côté de l'Epître. »

A la sacristie où passent les visiteurs, le vicaire
perpétuel devait montrer tous les ornements qui
sont soigneusement examinés. A noter en particulier « un ornement complet, chasuble, dalmatiques
« et devant d'autel d'un damas vert et blanc, avec
« un galon de soie rouge et blanc aux armes du
« commandeur de Barbentane....., une bannière
« rouge avec une grande croix blanche sur la-
« quelle il y a représentation de St Jean-Baptiste.

« et une croix de Malthe à chaque coin..., un de-
« vant d'autel de cuir doré..., une croix proces-
« sionale d'argent appartenant à la commu-
« nauté, etc., etc.

« Du côté de l'Evangile et dans le sanctuaire, il
« y a une chapelle dédiée à S\ Jean-Baptiste, avec
« un tableau représentant la S\ Vierge et S\ Jean,
« au bas duquel sont les armes d'un comman-
« deur, laquelle est proprement ornée, voûtée et
« carrelée, dans laquelle il y a le banc du juge
« du seigneur commandeur.

« La chaire à prescher est du côté de l'Epître,
« et le banc des consuls du côté de l'Évangile
« avec le confessional. Il y a quatre chapelles
« proprement ornées, l'une dédiée à Notre-Dame
« et l'autre à S\ Barthélemy, et les autres sont du
« côté de l'Epître, sans ornements, toutes carre-
« lées et voûtées. »

Voici maintenant le clocher « en forme de pinacle, avec ses trois cloches » et, autour de l'église,
le cimetière fermé.

Nous l'avons constaté avec bonheur, les commandeurs qui se succédaient se montraient jaloux
d'assurer une honnête décence aux églises qui
relevaient de leur puissance spirituelle, et ils
entretenaient avec un respect religieux tous les
objets servant au culte divin. Parmi ceux qui se

distinguèrent par une plus grande générosité et dont il faut conserver les noms avec reconnaissance, nous citerons les commandeurs Géraud de Massas, de Châteauneuf-Montléger, de Robin de Barbentane.

De toutes ces richesses, on n'a conservé que l'autel de marbre du dix-huitième siècle, marqué au milieu de la croix de Malte à huit pointes et une belle croix de procession en argent.

Quant aux ornements sacerdotaux, bannières, tableaux et ce rétable d'autel « fort vieux et beau » dont parle le procès-verbal de visite de 1637, il n'en reste rien que le souvenir consigné dans les archives.

Pendant la Révolution, les chapiteaux des colonnes, sur lesquels étaient sculptés les blasons et les armoiries de quelques commandeurs bienfaiteurs de l'église, furent sottement mutilés. On fit sauter ou on gratta les écussons dont on ne distingue plus par côté que les tenans, anges, chimères, etc., etc. La pierre quadrangulaire qui décorait la porte d'entrée et sur laquelle étaient gravées les armoiries du commandeur Géraud de Massas porte encore les traces d'un grattage ignominieux.

Dans la chapelle Saint-Jean-Baptiste, qui s'ouvrait dans le sanctuaire, du côté de l'Evangile, et qui était la chapelle des commandeurs, les emblèmes évangéliques, l'ange de saint Matthieu, le taureau de saint Luc, le lion de saint Marc, l'aigle de saint Jean, qui soutenaient dans les quatre angles les retombées d'arc, furent traités comme de vulgaires signes héraldiques, malgré l'inscription latine qui les faisait connaître.

Le lion passant armé de l'épée, qui décore la clef de voûte de cette chapelle, fut seul respecté, et également les armes de Malte, « *de gueules à la croix d'argent* », qui se voient encore à la clef de voûte de la première travée de l'église.

Plus tard, « tous droits féodaux et titres seigneuriaux étant abolis[1] », cette même chapelle Saint-Jean-Baptiste, la plus belle de toutes au point de vue architectural, fut isolée du sanctuaire par une cloison et convertie en salle de réunion et finalement en sacristie annexe, par un curé aux idées très libérales, mais au sens peu artistique.

Aujourd'hui, la vieille église des seigneurs de Laurac et des Hospitaliers est près de tomber en ruines. Sa toiture fait eau de partout ; les pierres de ses massifs contreforts se disjoignent et s'effritent ; son vieux clocher, en forme de pinacle, n'a

---

1. Ancienne délibération du Conseil de fabrique. — Archives de l'église.

pas su résister aux injures du temps et à l'oubli des hommes. Hélas! les vigilants chevaliers ne sont plus là, et c'est en vain que ce clocher démantelé et découronné regarde, par-dessus les maisons du village, à travers les ouvertures vides, d'où ses cloches sont tombées, le vieux donjon seigneurial qui se dresse toujours fièrement, là-bas, qui le domine encore, mais qui ne peut plus ni le protéger ni le relever de ses ruines.

CHAPITRE III.

La seigneurie temporelle et le château.

Les droits seigneuriaux. — Revenus de la commanderie.
Le château,

« Le commandeur de Caignac, dit la visite par-
« ticulière de 1753 (visiteurs : frère François de
« Nupces, commandeur de Gap, et frère Louis de
« Franc-Montgey), est seigneur *spirituel* et TEM-
« POREL, haut, moyen et bas justicier, fonctier et
« directe dans toute l'étendue de la dite comman-
« derie. »

Ces mots, *seigneur spirituel et temporel*, indi-
quaient la plénitude de la puissance seigneuriale
et le libre exercice de cette puissance dans les
terres qui en dépendaient.

Nous avons montré, dans le chapitre précédent,
ce qu'était la seigneurie spirituelle proprement
dite. Nous ferons connaître plus bas les droits du
seigneur haut justicier. Nous nous bornerons à

parler, en ce moment, des droits attachés à la possession de la terre, droits qui étaient, pour le seigneur temporel, une source de revenus ou d'honneurs.

« En qualité de seigneur fonctier et directe, le
« commandeur prend les censives en bled, avoine,
« argent et gelines de la plus grande partie des
« terres possédées par les habitants et amphythéo-
« tes, et de quelques-uns l'agrier, avec droits de
« lods et de vente de douze un, et des engage-
« ments moitié moins, avec les acaptes et les ar-
« rière-acaptes, le droit aussi d'une journée de
« bœufs et de juments par an sur chacun des
« habitants ou tenanciers de la dite terre, droit
« vulgairement appelé *courocq sive coroce* (char-
« roi. » (Visite de 1753.)

Il est nécessaire de donner ici quelques explica-
tions pour faciliter l'intelligence de ce texte.

Cens. — Le commandeur prenait d'abord les *censives*, c'est-à-dire une redevance pécuniaire ou en nature, déterminée à l'avance, et qui se payait à époque fixe, par exemple à la Toussaint (Martrou), à la Sainte-Madeleine, etc., etc. C'était l'imposition du cens ou la censive qui distinguait dans nos pays la terre roturière du fief ou terre noble [1].

1. Molinier, *Etude sur l'administration féodale dans le Languedoc,*

Agrier. — Sur d'autres terres cédées également par les commandeurs à bail emphythéotique, le commandeur prélevait parfois un impôt appelé agrier. Cet impôt, qui porte en d'autres lieux le nom de *champart*, était le droit de percevoir, après que les dîmes sont levées, une portion des fruits de la terre. Cette redevance consistait à donner au seigneur le quart[1], le cinquième[2] le sixième et plus souvent le neuvième[3] des fruits. C'est, du moins, ce que nous apprennent, nombre de pièces conservées aux archives et une enquête de l'an 1314 dont nous aurons occasion de reparler.

On le voit, il existait une réelle différence entre le cens et l'agrier. Le cens ou censive était essentiellement un impôt fixe et invariable; l'agrier, au contraire, augmentait ou diminuait, chaque année, en raison de la production plus ou moins considérable des récoltes. Nous n'avons jamais compris qu'une même terre fût assujettie en même temps à l'agrier et au cens.

On peut difficilement se rendre compte des avantages ou des inconvénients de ces deux impôts. Nous n'avons pas de termes de comparaison suffi-

p. 124. C'est à cette ÉTUDE que nous empruntons l'explication et la définition des *termes administratifs* que nous rencontrerons.

1. Arch. départ. de la Haute-Garonne, fonds de Malte, l. 11, n° 1.
2. *Ibid.*, l. 11, n° 8.
3. *Ibid.*, l. 11, nᵒˢ 9 et suiv.

sants. Pour juger sûrement, il faudrait connaître et la contenance des territoires imposés et leur confrontation exacte à cette époque, ce qui n'est pas facile aujourd'hui. Bien que le cens fût peu onéreux, du moins en apparence, l'agrier nous paraît plus conforme à l'idée de justice et sauvegarde plus sûrement les droits du travailleur.

Lods et vente. — Les droits de lods et de vente (*laudimia*) étaient les droits perçus dans le cas de vente de la censivé par le censitaire[1]. Le commandeur de Caignac les faisait percevoir au douzième. Dans le cas de locations ou d'engagements, ces droits se payaient moitié moins, c'est-à-dire au vingt-quatrième.

Acapte et arrière-acapte. — On appelle acapte et arrière-acapte les droits de mutation que le censitaire ou feudataire devait payer quand le fief ou la censive changeait de propriétaire[2]. Nous ne savons pas, par les archives, à quel taux on les prélevait. « Ils ne paraissent pas, dit M. Molinier, « avoir jamais été très élevés. Ce fut généralement « une somme d'argent minime. »

Corvée. — Remarquons que le droit de corvée

1. Molinier, *op. cit.*, p. 114.
2. *Ibid.*, p. 113.

ou de charroi comprenait seulement une journée de bœufs et de chevaux, par an, sur chacun des habitants qui en possédaient, et que ceux qui ne possédaient pas de bêtes de somme durent en être dispensés, les visiteurs ne manquant pas de noter *très soigneusement* tous les droits utiles ou même purement honorifiques du commandeur[1] dont nous continuons l'énumération.

Four banal. — « Plus un four banal dans le-
« quel tous les paroissiens sont obligés d'aller
« cuire leur pain et de payer sur le prix de vingt
« un, et le dict commandeur est obligé de le faire
« chauffer, et ceux qui sont aux métairies qui ne
« viennent pas cuire leur pain au four banal sont
« obligés de donner une quartière de bled par an
« pour chasque mettairie. »
Établie en de telles conditions, la banalité du four ne devait rapporter aucun bénéfice; elle eût été plutôt une occasion de dépense, si nous ne savions que le bois de la Taule fournissait au commandeur tout le bois nécessaire au chauffage de son four[2].

1. Voir Pièce justificative n° I, qui dispense les tenanciers de toute corvée, *nec ire ad castrum fodere, nec boves ducere a careg.* Cette exemption ne fut pas conservée aux tenanciers de Caignac.

2. Arch. du Parlement de Toulouse. Réformation des eaux et forêts, maîtrise de Castelnaudary, F 2.

Ce fut vers le milieu du treizième siècle que les habitants disséminés dans la campagne obtinrent des commandeurs la permission de bâtir des fours particuliers, servant uniquement pour leur usage personnel, sous une redevance fixée à l'avance. En l'an 1263, le commandeur Azémar de Miramont permit à Bernard Nutrit d'avoir un four pour cuire son pain au lieu dit Casal de Rodeille, pour la censive d'un setier de froment[1]. En 1306, le commandeur Élie de Montdragon permit à Guillaume Nutrit de bâtir un four au Capmas des Nutrits et de lui payer, pour droit de fournage, une quartière de froment, à chaque fête de la Toussaint[2]. En 1332, Pierre Bonnet obtint la même faveur sous la même redevance[3].

Moulin banal. — Nous savons par le livre terrier de Caignac qu'il y eut autrefois sur le Gardigeol un moulin à eau qui dut être banal, mais qui en 1610 n'existait plus depuis longtemps[4]. A cette époque, le moulin banal était situé à l'est de Caignac, en avant du nouveau cimetière. En 1753, le

1. Arch. départ. de la Haute-Garonne, fonds de Malte, l. 21, n° 11.
2. *Ibid.*, l. 21, n° 10.
3. *Ibid.*, l. 21, n° 16.
4. Livre terrier de Caignac. — Arch. départ. de la Haute-Garonne, l. 18, n° 25, où il est question du canal du commandeur.

moulin du commandeur avait été reconstruit non loin de l'église paroissiale, et c'est en sortant de celle-ci que les visiteurs allèrent l'inspecter et le trouvèrent réparé par les soins du commandeur.

Au commencement du quatorzième siècle, en 1316, au moment où les chevaliers de Saint-Jean étaient en butte à l'hostilité du bailli royal d'Avignonet, qui voulait leur enlever la juridiction du chef-lieu de leur commanderie, les consuls et les habitants, trouvant sans doute quelque bénéfice à aller moudre leur blé ailleurs, prétendirent qu'ils n'étaient tenus d'apporter au moulin du commandeur que le blé qu'ils récoltaient dans la juridiction de Caignac ; quant à celui qu'ils achetaient ou récoltaient ailleurs, ils se disaient libres d'aller le faire moudre en dehors du moulin banal, sans encourir aucune peine. Le commandeur et les habitants soumirent leurs griefs à un arbitrage, et les arbitres statuèrent que les consuls et les habitants seraient obligés d'aller moudre tout le blé à eux nécessaire, au moulin du commandeur, depuis la Saint-Michel jusqu'à Pâques, sous peine de 5 sols d'amende. C'était la reconnaissance officielle de la banalité du moulin, et elle ne fut plus l'objet d'une contestation[1].

1. Arch. départ. de la Haute-Garonne, fonds de Malte, l. 21, nᵒˢ 7, 8, 9.

Forge banale. — Primitivement, la forge de Caignac fut banale, l'entière propriété en ayant été donnée aux Hospitaliers par Pons Fauré[1]. En l'an 1246, ce droit de forge fut inféodé à Bernard Fauré par le commandeur frère Pons d'Albinho, sous la condition qu'il ferait gratuitement tout le service nécessaire au commandeur[2].

Albergue. — Mentionnons aussi le droit d'albergue exercé, au début, par les seigneurs de Caignac[3]. C'était le droit pour le seigneur d'être hébergé et logé, lui et sa suite, par ses vassaux, surtout en temps de guerre[4]. D'après l'acte de donation de Raymond de Gourville, les vassaux devaient, chaque année, fournir un repas à deux chevaliers et à deux clercs : *Unum prandium pro duobus militibus et duobus clericis*. Au treizième siècle, ce droit s'exerçait encore dans sa forme primitive. On trouvera à nos Pièces justificatives un document rempli d'intérêt et qui nous fera connaître la manière dont était prélevé cet impôt dans la commanderie[5]. Le précepteur partait un jour à son choix, entre la

1. Pièces justificatives, nos 1 et 2.
2. Arch. départ. de la Haute-Garonne, fonds de Malte, l. 2, no 7.
3. Pièce justificative no I.
4. Molinier, *op. cit.*, pp. 125 et suiv.
5. Arch. départ. de la Haute-Garonne, fonds de Malte, l. 20, no 3. Cf. du Bourg, *op. cit.*, p. 120.

Noël et la Septuagésime (*dominicam carniprivii*), pour se rendre au hameau d'Arzelers, dans le dîmaire de Saint-Julien ; il emmenait avec lui tous les frères de l'Hôpital, les donats et donates, les clients, tous ceux qui recevaient leur nourriture quotidienne de l'Hôpital, et même les chiens. Il pouvait même, s'il le voulait, engager les personnes qu'il rencontrait sur sa route à se joindre à lui. Les vassaux étaient obligés de fournir suffisamment à boire et à manger au précepteur et à sa suite, et devaient lui payer le soir, après le souper et avant qu'il se levât de table, 8 sols tolsans *pro avena*, pour l'avoine. Après quoi, le précepteur devait se lever incontinent avec tous ses gens et se retirer sans retard, à moins qu'il ne reçût de ses vassaux l'autorisation de prolonger son séjour (15 janv. 1292 ; du Bourg, p. 120).

Terres nobles. — Le commandeur possédait dans la juridiction de Caignac, en dehors de son château, une terre noble et exempte de taille et de toute autre imposition, appelée les Cazalèdes ou Cazalettes[1]. Le vieux livre terrier de Caignac, fait en 1610, ne mentionne nulle part cette terre, et c'est la preuve certaine qu'elle n'était ni imposée

---

1. Visites particulières de 1753.

ni imposable. C'était en 1147, presque à l'origine de la commanderie, que l'Hôpital de Caignac avait recu ce fief de la libéralité de Pons de Cossag[1].

Bois de la Taule. — Le commandeur de Caignac possédait encore l'entière propriété du bois de la Taule, confrontant, au nord, avec le chemin de Lagarde à Mazères ; au couchant, avec le ruisseau de l'Enganel ; à l'orient et au midi, avec les terres de Caignac. Les chevaliers de Malte en avaient joui paisiblement de temps immémorial, quand, le 25 mai 1668, Louis de Froidour, escuyer, seigneur de Serisy, assigna le commandeur Gabriel de Grilhet-Casillac à comparaître devant lui, pour prendre connaissance du procès-verbal de visite faite aux bois et forêts dépendant de la commanderie[2]. Ce dernier négligea de se présenter, et le procureur du roi en la réformation des eaux et forêts ordonnait que « le bois de la Taule, prétendu « dépendant de la commanderie, fût réuni au do- « maine du Roy, et condamnait le commandeur à « 200 livres d'amende, tant pour induëus jouis- « sances que pour délits et abus, commis en l'ex- « ploitation des bois » (16 juillet 1668).

1. Arch. départ. de la Haute-Garonne, fonds de Malte, l. 1, n° 6.
2. Archives du Parlement de Toulouse. Réformation générale des eaux et forêts, maîtrise de Castelnaudary, F 2.

Ce fut frère Pierre Brunet, « prestre, procureur « et agent de Malthe », qui défendit les droits du commandeur par-devant messire Louis de Froidour. La sentence de ce dernier, rendue à Montauban, le 25 mai 1670, lui donnait raison, tout en réglementant sagement l'usage du bois de la Taule. « Avons, par jugement souverain, main-« tenu et gardé le dit s^r commandeur en la pos-« session du dit bois... Avons ordonné que de la « quantité de 25 arpens, en quoy consiste le dit « bois, il en sera distrait six arpens pour estre « reservé et laisser croistre en fustage, dans le « triaige où le fonds sera le meilleur et le bois de « meilleure essence...

« Comme aussi de laisser en chascun arpent « seize balliveaux de l'age du tailhis, outre les « anciens et modernes, sans qu'il soit loysible au « dit sieur commandeur, ses métayers ou fer-« miers, les couper, non plus que les bois reser-« vés pour fustage, qu'en vertu de lettres pa-« tentes.

« Pourra le dit défendeur, ensemble ses mé-« tayers et fermiers, mettre leurs bestiaux au dict « bois, hors moutons, brebis et chèvres, dans les « ventes qui auront été déclairées deffensables, « leur faisant deffense de brusler ou desfricher le « dict bois, à peine d'amende arbitraire, en ce qui

« le concerne, et de punitions corporelles contre
« ses métayers et fermiers.

« Et afin que le dict bois soit toujours en nature
« de bois, avons ordonné qu'à la diligence du
« commandeur, il sera borné par des fossés ou
« des bornes de pierre dure de trois pieds de
« haut, qui seront posées sur les angles sortants
« et rentrans et sur les lignes de trop longue
« portée.

« Et en outre, d'établir un garde à la conser-
« vation du dit bois.

« Et cependant nous avons condamné le dit
« sieur deffendeur aux despens de la visite du dit
« bois, que nous avons modérés à la somme de
« trois livres. »

Droit de chasse et de pigeonnier. — Mentionnons, comme droit honorifique, la faculté de défendre et d'autoriser la chasse dans toute la juridiction de la commanderie.

Citons encore le droit exclusif pour le précepteur, d'avoir un pigeonnier et une girouette, ce
qui était l'emblème de la puissance féodale. Le
pigeonnier du commandeur, qui est encore debout, s'élevait à l'est du château, bâti sur quatre
piliers portant ogive. Malgré le soin jaloux avec
lequel ils défendaient leurs droits, même pure-

ment honorifiques, les commandeurs de Caignac permirent cependant à certains de leurs vassaux de bâtir des pigeonniers sur leurs terres, et c'est ainsi que Raymond de Saint-Léon reconnut, en l'an 1331, avoir eu cette permission du commandeur, sous l'oblie annuelle de deux paires de pigeons, payables à la Sainte-Madeleine[1].

Voici maintenant, à propos du droit de girouette, ce que nous apprend la visite de 1753, faite par messire Hippolyte de Varagne-Gardouch-Bélesta, commandeur de la Tronquière, et frère Étienne Reynes, prêtre d'obédience : « En reve-« nant de la métairie du Rival, nous nous serions « aperçus que le sieur Marquié, propriétaire d'une « métairie appelée Crabescorge, a fait mettre une « girouette en haut de la tour d'un pigeonnier, « ordonnons au seigneur commandeur de faire « consulter si le sieur Marquié a le droit de pla-« cer cette girouette, et la lui faire démolir, s'il n'a « point droit. »

Oblies. — Enfin, en dehors du cens ou de l'a-grier, les terres étaient souvent chargées de pe-tites rentes en nature, comme blé, avoine, orge, coqs, chapons, poules, pigeons, sel, poivre, cire, etc., etc., désignées sous le nom d'*oblies*, et

---

1. Arch. départ. de la Haute-Garonne, fonds de Malte, l. 20, n° 23.

payables à époque fixe comme le cens[1]. Il est difficile d'expliquer l'origine de ce dernier droit[2].

Les droits seigneuriaux du commandeur furent parfois l'objet de contestations, bien qu'ils fussent solidement établis. Les pages qui précèdent le prouvent suffisamment. Cependant, nous ne pouvons passer sous silence les démêlés qui s'élevèrent, à propos de la perception de ces droits, entre le commandeur Jean de Roquelaure et un puissant seigneur des environs, appartenant à une branche cadette de l'illustre maison des comtes de Foix et grand amateur de procès. C'était le chevalier Roger de Foix, seigneur de Rabat, Lagarde et Monestrol. S'autorisant de sa haute naissance et de l'influence qu'elle lui donnait dans le pays, il empêchait les tenanciers de Saint-Julien, de Monestrol, de Lagarde et de Seyre, de payer au

---

1. Molinier, *op. cit.*, pp. 143, 144.

2. Les oblies (oblie, oublie, *oblata,* droit d'oubliage) n'étaient-elles pas le primitif droit d'albergue, transformé dans la suite des temps en une légère redevance pécuniaire ou en nature? C'est une hypothèse que nous formulons, hypothèse rendue vraisemblable par la nature de ce droit. Du Cange le définit ainsi : *Præstationes pannm tenuissimorum quæ certis diebus fiebant Dominis a vasallis, quæ postea in tenuem quantitatem pecuniæ evaserunt. (Glossarium Cangii.* Parisiis, sub oliva Caroli Osmont, 1733.) Plus tard, on donna le nom d'oblie à toute espèce de redevance. Ex. l'oblie de xv sols tolsans (Arch. départ. de la Haute-Garonne, fonds de Malte, Caignac, liasse 21, no 1), l'oblie de deux paires de pigeons (*id.*, l. 20, no 23).

commandeur les droits féodaux qui lui étaient dus. Jean de Roquelaure s'en plaignit à l'autorité royale. Les archives nous ont conservé la copie des actes de procédure qui suivirent cette plainte[1].

C'est d'abord une lettre adressée au nom du roi à l'un des officiers du Parlement : « Charles, par « la grâce de Dieu roi de France, au premier huis- « sier de notre Parlement ou à notre sergent royal, « salut! » *Carolus, Dei gratia Francorum rex, primo parlamenti nostri hostiario aut servienti nostro, super hœc requirendo, salus.* Le frère Jean de Roquelaure (de Ruppelaura), chevalier de l'Ordre de Saint-Jean de Jérusalem, commandeur de Caignac, en la judicature de Lauragais, exposait que ses feudataires, possesseurs de fiefs et amphythéotes, dans les lieux de Lagarde, de Monestrol et de Caignac, et ceux qui devaient payer les cens, rentes, pensions, droits d'usage et autres, en étaient empêchés par « notre aimé et fidèle « Roger de Foix. » Cette injuste tentative avait de graves inconvénients : elle occasionnait au commandeur une perte matérielle considérable; elle lui causait un dommage moral plus grand encore en déconsidérant son autorité. D'ailleurs, Roger de Foix ne paraissait pas vouloir cesser de lui

____

1. Arch. départ. de la Haute-Garonne, fonds de Malte, l. 25, n° 34.

nuire : *alia damna dare et inferre nectitur.*

Le roi donnait ordre à son sergent royal de défendre à l'usurpateur et à ses officiers d'aller ainsi contre les droits du commandeur. Désormais, feudataires, emphythéotaires, censitaires, qui possédaient terres, fiefs, maisons, bordes et autres possessions relevant, *ab antiquo,* de temps immémorial, de l'autorité de l'exposant, ne seraient plus inquiétés ni molestés : *neque molestari neque vexari.*

Et cette lettre se terminait par la formule consacrée : « *Quoniam sic fieri volumus, non obstantibus quibuscumque.* Car tel est notre bon plaisir. Donné à Toulouse, le 4 avril 1494, avant Pâques, le douzième de notre règne. »

L'officier du roi, saisi de l'affaire, s'empressa d'exécuter les ordres qu'il avait reçus. Nous trouvons, en effet, à la suite, la lettre du sergent royal au juge de Lauragais : « A vous, mon très ho-
« nouré et docte seigneur, messire le jutge de
« Lauraguez, moi Pierre Massas, sarjant royal en
« la ville de Tholose, certiffie avoyr recehues cer-
« toynes lectres de commission réale..... impétrées
« à la instance de vénérable frère Religieux mes-
« sire Jehan de Roquelaure, chevalier de la reli-
« gion de Monseigneur Saint-Jehan, commandeur
« de Canyac, à l'encontre de noble et puissant sei-

« gneur messire Roger de Foix, chevalier, sei-
« gneur de Rabat, de Lagarde et de Monestarol...,
« et ycelles recehues, le xi jour du dict mois d'a-
« vril, me suis transporté au lieu de Montclar, où
« j'ay appréhendé le dict de Foix en sa propre
« personne, auquel hai faict les commandements
« et deffenses..... et l'y avons assigné par devant
« vous, au quart jour juridic après Quasimodo et
« en testimony de ce, ai faict ceste présente
« mienne relacion[1]. »

Les deux pièces suivantes sont encore adressées
par le sergent royal, Pierre Massas, au juge de
Lauragais : *Honorabili et magnæ auctoritatis viro
domino judici Lauragensi.* L'officier du roi avait
reçu communication des lettres royales — *in
pargameno scriptis sigilloque regio ceræ croceæ
impendente sigillatis* — et d'après la vigueur et
teneur de ces lettres royales, ordre était donné à
tous les feudataires et amphythéotaires, de con-
sentir au commandeur Jean de Roquelaure une
nouvelle reconnaissance des fiefs, terres et possessions relevant de la préceptorerie de Caignac, et
même de réparer le tort qu'on lui aurait fait :
*revocare, reparare et ad statùm pristinum redu-
cere ;* le tout sous peine de 5o marcs d'argent.

1. Arch. départ. de la Haute-Garonne, fonds de Malte, l. 25, n° 34.

Suit une défense particulière à certains habitants de Seyre (*loci de Seyrano*), de Montgeard, aux consuls modernes de Lagarde, à Pierre Assier, procureur de messire Roger de Foix, et à Jean Donadilhe, son bailli. Tous se soumirent aux ordres du roi, consentirent les reconnaissances demandées et promirent de ne rien faire au préjudice de la maison Saint-Jean de Jérusalem de Caignac (avril 1494).

Tous ces droits seigneuriaux réunis étaient, on le devine aisément, une source féconde de revenus pour les titulaires des commanderies. Certaines de ces commanderies de Malte rapportaient autant que certains petits évêchés de province, et on s'explique l'empressement des cadets de famille à revêtir le manteau écarlate à croix blanche des chevaliers de Malte qui, avec quelques vieux parchemins et quelques quartiers de noblesse, leur procurait de riches prébendes.

Mais si ces droits, rendus encore plus lourds par l'usage des impôts et des tailles royales, enrichissaient le seigneur, ils appauvrissaient le paysan. « Appropriés à une époque, remarque avec « justice M. Taine, où la propriété et la souverai- « neté se confondaient (dixième, onzième, dou- « zième siècle), où le gouvernement était local, où

« la vie était militante, ces droits font disparate
« en un temps où la souveraineté et la propriété
« sont séparées, où le gouvernement est central,
« où le régime est pacifique, où les sujétions
« nécessaires qui, au dixième siècle, ont rétabli
« la sécurité et l'agriculture, sont, au dix-huitième
« siècle, des sujétions qui appauvrissent le sol et
« enchaînent le paysan[1]. » Ceci se réalisa surtout
pour la commanderie de Caignac, aux deux derniers siècles de la monarchie. A ce moment, les
commandeurs, pour faire produire à leurs terres
et à leurs droits tous les revenus possibles, en
confièrent l'administration à des fermiers avides
de s'enrichir, qui rançonnaient sans pitié les
pauvres tenanciers. En 1634, frère Jacques de
Châteauneuf-Montléger afferma tous les droits
seigneuriaux et terres qu'il possédait à Aignes
pour la somme de 500 livres par an[2]. En 1753,
cent vingt ans plus tard, ces mêmes terres et
droits rapportaient 2,500 livres par an. En tenant
compte de la moins-value de l'argent à cette
dernière époque, on ne peut s'expliquer une
pareille différence de revenus que par une exploitation agricole plus habile, et peut-être aussi

1. Taine, *Origines de la France contemporaine*, t. II, p. 195.
2. Arch. départ. de la Haute-Garonne, fonds de Malte, Aignes, l. 7,
n° 12.

par une manière moins paternelle d'obliger les
tenanciers à payer strictement toutes leurs redevances.

Voici maintenant, à titre de renseignement, les
comptes de la commanderie de Caignac, tels qu'ils
nous ont été conservés par le procès-verbal de
visite de 1753.

I. — Revenus.

Caignac (Saint-Michel, Gourville et autres)............................	4,475 livres.
Viviers (Nailloux)...............	433 —
Cieuraguel (net).................	880 —
Aignes (net).....................	2,500 —
Saint-Jean-del-Tor..............	1,240 —
La Cavalerie de Pamiers........	900 —
Saint-Quirc (net)................	1,610 —
Canens (net).....................	1,260 —
Dîmes et rentes de Saint-Girons.	900 —
Moulin de Saint-Girons (albergue annuelle d'une croix d'argent de 200 livres)......................	200 —
Total...................	14,398 livres.

II. — Charges.

Responsions (part du trésor
de l'Ordre).................... 1,032 liv. 8 s. 4 d.
   Taxe des vaisseaux ....   170 —   8 — 4 —
   Capitation.................   178 —   1 — 4 —
   Décimes..................   213 — 13 — 7 —
   Caisse commune..........   17 —   »   10 —
   Gages de l'archivaire......   9 —   »   »

Pensions que le comman-
deur de Caignac devait payer
en 1753 à MM. les chevaliers
d'Hautpoul, de Valabre, de
Gast, de Léaumont, de Beau-
regard, de Charmeuil, de
Boisse, de Piêt, de Vier,
d'Aynac, d'Olivaris, de Lyrac,
d'Auret, de Javon..., soit... 3,332 —   »   »
                           ————————
Total des charges.... 4,047 liv. 4 s. »

Revenu net pour l'année 1753, après les charges
déduites : 10,350 livres 16 sols.

Pour jouir paisiblement de ces revenus qui, on
le voit, étaient considérables, les commandeurs
possédaient dans le chef-lieu de leur commanderie

un véritable château féodal. Dans l'acte de donation de l'an 1171, Sicard de Laurac, ses frères et
ses enfants avaient stipulé que les Hospitaliers de
Saint-Jean pourraient élever, à l'endroit le plus
convenable du territoire qui leur était concédé, un
château fortifié, afin de pouvoir défendre leurs
droits et sauvegarder leur suzeraineté : *ut castellum ibi pro vestro dominio et forcias faciatis*[1].
Ce fut, primitivement, une enceinte fortifiée, ren-
fermant un corps de maison assez vaste pour loger
le commandeur, quand la guerre contre les infi-
dèles ne le réclamait pas outre-mer, les frères de
l'Hôpital, les donats et autres personnes occupées
à l'exploitation des terres. Ce fut la maison de
l'Hôpital de Caignac : *domus hospitalis de Caniaco*,
dont parlent les documents du treizième siècle.

Cette maison n'était pas sérieusement protégée,
ni à plus forte raison en état de supporter un
siège, puisque, vers l'an 1280 ou 1285, le bailli
royal d'Avignonet put se présenter à la porte de
cette maison, la forcer, malgré la défense du commandeur, et arracher un malfaiteur aux cachots
de l'Hôpital[2]. Et ce fut peut-être à la suite de cet
incident que des réparations importantes furent

1. Pièce justificative n° II.
2. Arch. départ. de la Haute-Garonne, fonds de Malte, Caignac. Enquête de l'an 1314.

faites aux fortifications de Caignac, réparations qui mirent cette maison à l'abri d'une surprise ou d'un coup de main.

Une transaction importante fut passée, à ce sujet, entre les commandeurs de Caignac et les consuls et les habitants[1]. « Ce projet d'accord est écrit en « langue vulgaire et n'est pas daté. La forme de « ses lettres semble le faire remonter à la deuxième « partie du treizième siècle, ce qui est confirmé « par ce fait que le commandeur traite, dans cet « acte, au nom du prieur de Saint-Gilles ou de « son lieutenant à Toulouse. Or, nous avons vu « que le Prieuré de Toulouse fut supprimé de « l'an 1250 à l'an 1315[2]. » C'est dans cet intervalle que fut signée la transaction dont nous nous occupons et dont voici les principales clauses :

1° Le commandeur donne aux consuls toute la motte qui se tient avec le fort, sous l'oblie annuelle de 15 sols tolsans, payables par les habitants, à chaque fête de la Toussaint ;

2° Il leur donne, en outre, toute la place où sont les greniers, que les habitants doivent démolir à leurs frais, le commandeur se réservant le bois de construction et le couvert (*retenguda al dict comandador la fusta el teüle*) ;

---

3. Arch. départ. de la Haute-Garonne, fonds de Malte, l. 21, n° 1.

1. Du Bourg, *op. cit.*, p. 122.

3° Pour faire cette démolition des greniers, les consuls payeront au commandeur ou à son lieutenant, et le jour qu'ils commenceront ladite démolition, 15 francs d'or;

4° Ils s'obligent à construire autour du fort un mur de 20 palmes au-dessus de terre (*de sub terra* xx *palmas*);

5° En cas de nécessité, le commandeur devra recevoir dans son fort les habitants de Caignac;

6° La porte du fort aura deux clefs, dont l'une sera gardée par les consuls et l'autre par le commandeur ou quelqu'un en son nom;

7° La garde du fort qui se construira, comme de celui qui est construit, se fera simultanément par le commandeur, les consuls et les habitants; ces derniers devront fournir un homme à chaque guet de nuit. En temps de guerre, le commandeur ou son lieutenant demeurent juges du nombre d'hommes qui seront nécessaires pour défendre le fort et assurer le service du guet;

8° Entre le fort du commandeur et celui des habitants, il y aura deux portes que chacun fermera par devers soi, et on ne les ouvrira ou fermera, en temps de guerre, que pour laisser passer les hommes du guet;

9° Chaque habitant sera tenu de prendre son jour de guet, et le commandeur y sera obligé comme un simple tenancier, à moins qu'il ne se fasse remplacer : *le comandador sera tengut de badar còma un oustalar o de metre bada.*

Plus tard, cette demeure, ainsi défendue par ses deux forts, parut elle-même insuffisante aux commandeurs du seizième siècle, que la guerre contre les Sarrasins n'allait plus appeler qu'à de rares intervalles en dehors de leurs commanderies. Ce fut le frère Géraud de Massas qui eut la gloire d'élever le nouveau château de Caignac, qu'on peut encore admirer aujourd'hui et qui a vraiment un aspect seigneurial. Ce commandeur, qui occupe une grande place dans l'histoire de la commanderie, et que son intelligence, son énergie et la connaissance qu'il avait des affaires devait appeler aux plus hautes fonctions de son Ordre, administra la commanderie de Caignac de 1513 à 1534, et devint ensuite receveur au grand-prieuré de Toulouse et grand-prieur de Saint-Gilles.

C'est entre ces deux dates (1513-1534) qu'il faut placer la construction du château de Caignac. Bâti d'épaisses murailles en pierre du pays, tandis que l'église est tout entière bâtie de briques, flanqué de quatre tours, trois carrées et l'autre hexagonale et surmontée d'un donjon, armé de bouches à feu et de meurtrières s'ouvrant dans toutes les directions, il était digne de devenir la résidence

des nobles et braves chevaliers qui s'étaient cou-
verts de gloire à la célèbre défense de Rhodes, et
il pouvait hardiment tenir tête à l'hérésie pro-
testante qui allait déchaîner ses fureurs et ravager
les alentours.

Un document de la fin du seizième siècle, écrit
pendant les guerres de religion, renferme des détails intéressants sur le service des petites garnisons féodales, à cette époque troublée. C'est le
« doble del instrument de arrentement de Cai-
« gnac[1]. » Cet arrentement fut fait au château de
Caignac, le 8 juin 1580, par-devant Jehan Engelbert, notaire royal de Lagarde, par noble Bernard
de Voysins d'Alzonne, chevalier de Saint-Jean,
procureur substitut de noble François de Moreton-
Chauberlan, commandeur de Caignac, « lequel
« de Voysins d'Alzonne, en vertu de sa dite pro-
« curation, a arrenté et par manière d'arrentemen
« a baylé à Jehan Brincan et Gaillard de Gua-
« lard, marchant de Montclar, présens et accep-
« tans, les fruits, revenus, esmolumens, preds,
« vignes, boys, mettéryes, four banal que le dict
« commandeur prend et léve et a accoustumé
« prendre au lieu de Caignac, St-Michel de Lanès,
« mettérye del Rival, Lagarde de Lauraguays, et

----

1. Arch. départ. de la Haute-Garonne, fonds de Malte, l. 25, n° 6.

« S¹-Jehan del Tort-lez-Caumont, pour le terme
« et espace de troys années... et a pris pour chas-
« cune année *mil livres tournoys,* revenant à trois
« cents trente troys escus ung tiers... payables en
« Tholose, au collège de S¹ Jean, à la feste de
« Noël et feste de Pasques. »
Voici les principales clauses et dispositions de
cet arrentement : « Les dicts Brincan et de Gua-
« lard seront tenus garder le chasteau et maison
« de Caignac soubs l'obeyssance de Dieu et du
« Roy, en tout temps de pays et de guerre, et pour
« ce fère, le dict sieur commandeur sera tenu leur
« allouer sur leur arrentemen en temps de pays
« pour la solde de ung soldat qui gardera la porte,
« affinque le chasteau ne soit surprins, dix livres
« pour chascun moys, qui sera par an cent
« vingt livres revenant à quarante escuz. »
« Et en temps de guerre, ce que Dieu ne veilhe,
« le dict de Voysins, au nom qu'il procède, sera
« tenu allouer aux dits rentiers quatre soldats de
« surplus à même solde de dix livres par moys
« durant le temps de guerre, qui feront en tout
« cinq soldats; et au cas où les dicts Rantiers
« seroyent si fort pressés par les enemys leur
« venant assailhir la mayson, que les dicts cinq
« soldats ne porroyent soffire, sera loysible aux
« dicts rentiers en y mètre davantaige en cas de

« nécessité et à une extrémité à mesme solde...

« *Item* et pour le regard de la lumyère qui se
« fera au corps de garde tant en huile que chan-
« dèles, et pour les gaiges de la centinelle qui se
« tient le jour à la tour de la viz (escalier) pour
« descouvrir, le dit sieur commandeur sera tenu
« payer la moitié et les habitants l'autre moitié.

« *Item* seront tenus les dicts Rentiers, sans di-
« minution du prix del arrentemen, payer la pen-
« sion du recteur du dict Caignac, albergue et
» autres droits que le sieur commandeur est tenu
« payer à la Royne, mère du Roy, comme comtesse
« de Lauraguays. »

Voici maintenant la description du château de
Caignac telle qu'elle nous est faite par messire
Denis de Polastron-la-Hillère dans sa visite de
1637 :

« Avons remarque icelui (le château) estre très
« beau, composé d'un grand corps de maison
« revêtu de quatre tours, savoir trois carrées qui
« sont beaucoup plus élevées que le restant du
« dict chateau, et l'autre estant ronde, dans laquelle
« est le degré (la vis) servant pour monter dans
« tout le dict corps de maison, lequel degré est
« partout en pierre de taille depuis le bas jusques
« au haut.

« Montant par le dict degré, il y a une chambre

« bien carrelée, ayant cette salle deux croisées
« d'un côté et une de l'autre (c'était dans cette
« *salle haute* que se tenaient les cours de justice
« de la commanderie).

« A côté de la dite salle, il y a une chambre
« sans cheminée, dans laquelle est un râtelier de
« bois, avec 14 mousquets dessus, desquels il y
« en a deux grands à croc.

« Estant montés haut, au sommet de la tour
« ronde, avons trouvé icelle estre faite de plate-
« forme avec ses créneaux et machicoulis.

« Tout l'entier chasteau est entouré de murailles,
« de fossés, d'une glacière et muni de deux basses-
« cours.

« Entrant dans le chasteau et à côté du dict
« degré, il y a une grande salle basse, qui sont
« la cuisine et regarde la basse-cour, ayant une
« très belle cheminée, laquelle salle est toute
« pleine de coffres et caisses appartenant aux ha-
« bitants du dict lieu, qu'ils y ont faict porter à
« cause de la guerre. »

Situé au sommet d'un coteau escarpé, peu abor-
dable si ce n'est du côté de l'est, défendu par ses
puissantes murailles, le château de Caignac put
défier impunément la fureur des Huguenots maîtres du pays environnant, et s'il ne les empêcha
pas de dévaster les coteaux fertiles qui l'entou-

raient, du moins préserva-t-il l'église de Caignac de la ruine et les habitants de tout danger de mort.

Nous trouvons dans les Pièces justificatives publiées par M. du Bourg, à la fin de son *Histoire du grand-prieuré de Toulouse*, les réclamations de messire André de Puylobrier, receveur de l'Ordre au grand-prieuré, adressées, en 1588, au sénéchal de Toulouse, Jean de Lavalette-Cornusson, pour obtenir un dégrèvement sur les 12,639 écus qui représenteut la part des chevaliers de Malte dans l'impôt que doit payer le clergé de France[1]. Ce dégrèvement était demandé à bon droit « à « cause des ravages, invasions, volleries, meur- « tres et autres inhumanités perpétrécs et faictes « par les dicts hérétiques. — En particulier, la « commanderie de Caignac, ses membres d'Ai- « gnes, metterie de Siraguel, St-Jean del Tord, la « Cavalerie de Pamiès, St-Quirc et St-Gyrons » avaient été ravagés et pillés par les protestants de Pamiers, Calmont, Mazères, Saverdun et Gibel, et André de Puylobrier en donne comme témoins Maître Loys de Paulo, docteur et advocat en la Cour du Parlement de Toulouse, et

---

1. Du Bourg, *op. cit.*, p. 22. Voir aussi même ouvrage, Pièce justificative n° 2.

Maître G. de Raymond, docteur et advocat en ladite Cour.

Lorsque la paix fut rétablie, le château de Caignac se dépouilla promptement de ses allures militaires. Les inventaires de la fin du dix-septième et du dix-huitième siècles ne parlent plus des vieux mousquets, désormais inutiles, qui décoraient le râtelier d'armes. Ils mentionnent maintenant une série de meubles qui devaient se perdre dans ces pièces trop hautes et trop larges pour pouvoir être convenablement aménagées : « Une tente (tenture) de tapisserie de Bergame, « tendue à la salle du dict chateau, dix huit chai- « ses à bras, un lit, le tout garni de rase feuille « morte avec franges de soye, une autre tente de « tapisserie....., etc., etc. » Tous ces meubles avaient été achetés par messire de Barbentane. Ce même commandeur avait fait peindre quelques salles du château, et on remarque encore quelques traces de ces peintures. (1695, visiteurs : Claude de Seignouret-Fabrezan et frère Gasbert-Gauran, prêtre, religieux d'obédience, prieur du temple Saint-Jean de Bordeaux.)

Voilà un spécimen d'un ameublement peu luxueux et même peu confortable pour l'époque dont nous parlons. Cette constatation nous porte à croire que déjà, à cette date, les commandeurs de Caignac, s'ils percevaient très régulièrement leurs revenus, ne résidaient plus habituellement au siège de leur commanderie, et, malgré les règlements de l'Ordre, désertaient les vieux manoirs féodaux, isolés et incommodes, pour transporter leur résidence dans les grandes villes, où la vie était plus facile et les relations plus agréables.

De loin en loin, les commissaires visiteurs pénétraient dans les vastes salles, admiraient les larges et belles cheminées, montaient au sommet du donjon seigneurial, descendaient aux cachots de la prison, dressaient minutieusement leurs inventaires, notaient, en passant, les réparations urgentes, et c'était tout.

Les vieux murs durent tressaillir quand sonna l'heure de la Révolution. La tempête qui emportait l'ancien régime ne se contenta pas de mutiler les blasons de Malte qui ornaient la porte du vieux château. Les droits féodaux furent abolis, et cette puissance plusieurs fois séculaire s'effaça, à son tour, devant une nouvelle souveraineté, un nouvel ordre de choses. Le château des valeureux chevaliers survécut pourtant à cette crise; il resta debout, mais sa gloire avait disparu. Témoin attristé de ce passé qui fit sa grandeur et sa force, il se dresse toujours, mais sans espérance et sans avenir, et un miracle seul pourrait l'arracher à son abandon et à son inutilité.

Nota. — Pendant la Révolution française, le château et terres en dépendant furent déclarés *biens nationaux* et vendus aux enchères publiques par l'administration du district de Villefranche-de-Lauragais.

« Le château, comprenant maison, terrasse, jardin, basse-cour du cy-devant commandeur », fut adjugé au citoyen Passios aîné, de Villefranche, pour la somme de 5,025 livres (7 mars 1793).

Le même jour, la métairie du château (la Grange) avec un moulin à vent, pigeonnier, garde-pile, volière, grange, four ci-devant banal, fut adjugé au même pour la somme de 28,100 livres.

La métairie noble de « las Cazalettes », *après 8 feux*, fut adjugée au citoyen Jacques Tardieu pour la somme de 35,100 livres le 18 mai 1793.

(Archives du Parlement de Toulouse. Vente des biens nationaux, district de Villefranche, registre n° 2.)

CHAPITRE IV.

La justice seigneuriale.

Haute et basse justice. — Les démêlés du commandeur de Caignac avec les officiers royaux à propos de l'exercice de la justice. — Le procès de 1522.

Dans la visite particulière de 1753, nous lisons que « le commandeur est haut, moyen et bas justi- « cier. En cette qualité, il nomme, institue et des- « titue tous les officiers de justice, comme juge, « lieutenant de juge, procureur d'office, greffier « et bayle, lorsque le cas le requiert, avec le droit « de défendre la chasse et de choisir tous les ans « trois consuls sur la présentation de six person- « nes qui lui en est faite par ceux qui sortent de « charge, et qui prêtent ensuite le serment par- « devant son juge, le dimanche avant la Noël. »

Voilà les attributions du seigneur justicier haut, moyen et bas. Dans les chartes du Moyen-âge, ainsi qu'on peut le remarquer pour les chartes de fondation de la commanderie de Caignac, le mot *justitia* désigne deux choses : l'exercice de la justice et les revenus qui sont perçus à l'occasion de cette justice[1], revenus qui étaient assez élevés dans les villes et minimes dans les villages. Les archives de la petite commanderie de Boulbonne (Saint-Jean-del-Tor) nous ont conservé le compte des recettes faites par le tribunal de cette localité, pendant les dernières années du treizième siècle. Sur sept années, six ne fournirent aucune cause et, par suite, aucune amende, et pour l'année 1284, on compte seulement 18 sols tolsans de recette, et comme les juges recevaient un traitement de 3o sols de la monnaie courante, les droits de justice ne suffisaient pas à leur payement et étaient pour le commandeur plutôt une occasion de dépenses qu'une source de revenus[2].

La haute justice, que de vieux documents appellent la justice du sang, *justitia sanguinis*, comprenait le pouvoir de connaître de tous les crimes punis de mort ou de mutilation, comme le meurtre, le vol à main armée, l'incendie, le sacrilège, la rupture de la foi jurée, etc., etc.[3].

La basse justice était le droit de résoudre et de trancher tous différends et difficultés qui s'éle-

---

1. Molinier, *op. cit.*, p. 238.
2. Du Bourg, *op. cit.*, p. 131.
3. Molinier, *op. cit.*, p. 347.

vaient à propos de la possession du sol, de terres, d'héritages contestés, d'injures proférées, etc., etc. Il est difficile de délimiter exactement le champ d'action de chacune de ces trois justices, la procédure variant de seigneurie à seigneurie. Mais l'attribution des trois, haute, moyenne et basse, faite à un seul seigneur, indiquait clairement que ce seigneur avait le droit de juger toutes affaires civiles et criminelles, et c'est le cas pour le commandeur de Caignac.

Nous laisserons de côté, pour le moment, le droit de nomination des consuls, que les visites de la commanderie rattachent à l'exercice de la justice seigneuriale, pour nous occuper uniquement de l'exercice de la *justice proprement dite.*

D'après la charte de Sicard de Laurac (1171), les Hospitaliers de Saint-Jean étaient les maîtres absolus de Caignac. Leur pouvoir y était libre, absolu, indépendant de tout autre pouvoir : *liberum, absolutum, separatum ab omni nostra dominatione;* ils devaient donc y exercer aussi le droit de justice : *ut habeatis justitias a nobis constitutas super eos qui inculpati fuerint*[1], et ce droit était si fermement établi qu'une contestation, à ce sujet, paraît impossible.

---

1. Voir Pièce justificative nº II.

Cependant, l'autorité royale voyait de mauvais œil se dresser, en face d'elle, l'autorité de ces petits seigneurs locaux qui gênait et contrariait l'expansion de sa puissance, qui surtout détournait du Trésor une source parfois abondante de richesse.

Aussi, dès que la puissante maison des comtes de Toulouse, protectrice fidèle et dévouée de l'Ordre de Saint-Jean, eut disparu et eut été remplacée par l'autorité du roi de France, les officiers royaux tentèrent, plus d'une fois et non vainement, d'usurper, à leur profit, ces droits si précieux, et de diminuer, par cet acte d'injustice, la force et le prestige de ces petits seigneurs qui les bravaient impunément, défendus et par leurs vieux parchemins authentiques et par les épaisses murailles de leurs forteresses.

Vers l'an 1280 ou 1285, un meurtre fut commis à Caignac sur la personne de Pierre Fauré. Son meurtrier fut aussitôt arrêté et enfermé dans les cachots de l'Hôpital en attendant que justice fût faite. Ce qu'apprenant, Gaillard Nègre, bailli royal d'Avignonet, crut trouver une occasion favorable à ses desseins, et il s'empressa de les mettre à exécution avec autant de hardiesse que de rapidité. Il prit avec lui une troupe de gens armés, se présenta à la porte du château de Caignac qu'il enfonça, et malgré la défense et les protestations du commandeur, il enleva l'assassin de sa prison, non sans doute pour le soustraire au châtiment, mais pour l'arracher à la justice du commandeur et l'amener devant son propre tribunal[1].

Le commandeur ne pouvait laisser créer contre lui un pareil précédent. Il attaqua le bailli devant la justice du roi, et en 1314, un premier procès avait été perdu par lui, et le bailli royal avait vu son audacieuse usurpation consacrée par un acte de justice, puisque nous voyons le commandeur Pierre de Caylus en appeler de ce premier jugement par-devant le sénéchal de Toulouse, pour savoir définitivement à qui appartiendrait la juridiction de Caignac. Hugues de Guiraud, chevalier du roi et juge des appellations de la sénéchaussée de Toulouse et d'Albi, fut chargé de diriger la nouvelle enquête et de recueillir les témoignages. Nous citerons les plus intéressants.

Bernard Rodeilh, qui avait été trois ou quatre fois consul, dépose que dans la maison de l'Hôpital il y a et il y a toujours eu une prison, des fers pour les criminels et un pilori sur la place de Caignac : *atra carcer et compedes ferrei, et castellum in platea de Caniaco.*

---

1. Arch. départ. de la Haute-Garonne, fonds de Malte. Enquête de 1314, déposition de Pierre Tesseyre (Petrus Textoris).

Ce *castellum* est appelé *spillorium* par d'autres témoins : il s'agit bien ici du pilori pour l'exposition des criminels.

Le témoin Guillaume Noguier, qui avait été trois ou quatre fois consul, nous apprend que le précepteur, les consuls et le bayle (*messegarius*), se partagent les droits de justice; le précepteur en prend la moitié, et l'autre moitié est divisée, par parts égales, entre les consuls et le bayle.

Guillaume Olier (trois fois consul) affirme que le précepteur de Caignac, comme ses prédécesseurs, a le droit de créer des juges qui connaissent *de omnibus causis civilibus et criminalibus emergentibus in dicta villa de Caniaco*, de toutes causes civiles et criminelles.

Les dépositions de Bertrand Libransac, Guillaume Aycard (quatre fois consul), Bernard Pascal (deux fois consul), Bernard Claverie, Guillaume Nègre (trois fois consul), Raymond Gaillard (trois fois consul), établissent toutes que, de temps immémorial, l'entière juridiction de Caignac a appartenu au commandeur, et l'un d'eux nous introduit sur la place du village, où le juge tient son assise. Un habitant est là, accusé de plusieurs vols, et en particulier d'avoir dévalisé, dans l'église, l'autel de la sainte Vierge. Le juge le condamna à l'amputation du pied[1], et le témoin a vu, pendant quelque temps, ce pied tranché par la hache du bourreau de Toulouse suspendu à un pieu, *in palo,* sur la place publique de Caignac.

Un autre témoin nous montre un voleur portant à son cou l'objet dérobé (*cum illa veste ad collum*), les mains liées derrière le dos avec une corde (*manibus ligatis a tergo cum quadam corda*), condamné à parcourir les rues sous les coups de fouet du bourreau (*fustigatus cum viminibus et virgis*) et conduit jusqu'à la *tenguda de Gibel,* division du territoire, où se dressaient le gibet et les fourches patibulaires, insignes de la haute justice, endroit qui porte encore aujourd'hui ce nom typique : *As pendutz.*

Et pendant que les condamnés étaient ainsi promenés de rue en rue et châtiés sous l'œil des habitants, le héraut ou le garde nommait leurs crimes et menaçait les futurs coupables du même châtiment : *qui tale faceret, tale acciperet.*

Cette enquête de 1314 nous apprend les noms de plusieurs juges, baillis et notaires de Caignac

---

1. *Per eo quod dicebatur commississe plura furta in ecclesia et villa de Caniaco et quia posuerat pedem suum dexterum super altare Beatæ in ecclesia de Caniaco et cœpit furari ornamenta dicti altaris et imagines Beatæ.* (Arch. départ., fonds de Malte. Enquête de 1314.)

à la fin du treizième siècle. Cette liste nous a paru devoir être conservée.

Bernard Péreilh, juge institué par le commandeur Albert de Rosset (1269-1272).

Guillaume de Rosguio, juge institué par le commandeur Guillaume du Puy (1274-1276).

Guillaume des Aimés (*de Amatis*), juge institué par le commandeur Armengaud des Aiguilliers (1291-1295).

Pierre de Roqueville, juge institué par le commandeur Arnaud de Montlaur (1299).

Arnaud Péreilh, créé par le commandeur Bernard de Villars (1301-1306).

Voici, à la même époque, la liste des baillis. C'étaient ordinairement des frères ou des donats de l'Hôpital.

Frère Arnaud de Varaigne (*de Barana*).

Frère Pierre de Justareth ;

Frère Guillaume de Malespine (*Mala spina*);

Frère Bertrand de Bellegarde (*Billagarda*);

Frère Arnaud de Montaric (*Monte arico*).

Notaires de la commanderie : Guillaume de Saint-Michel, Arnaud de Saint-Martin, Roland-Pierre de Lagarde.

Cependant la justice n'avançait que lentement en cette affaire compliquée. Ce fut seulement dix ans plus tard, en 1324 et le 16 du mois de mai, que le sénéchal de Toulouse rendit sa sentence. Elle était favorable à l'Ordre de Saint-Jean, cassait le premier jugement rendu et devait rendre vaines les prétentions du bailli royal d'Avignonet. « Colaid d'Estonqueville, seigneur de Coniac, chevalier, chambellan et sénéchal de Toulouse et d'Albi, au nom de notre maître le roi de France, au bailli de Caignac, dans la judicature de Lauragais, ou à son lieutenant, salut![1]. »

Le sénéchal, répondant à la requête du précepteur, ordonnait au bailli de remettre ce dernier en possession de la juridiction dudit lieu et de tous les autres biens, usages, droits, franchises et libertés, dont lui et ses prédecesseurs avaient *toujours pacifiquement* joui : *Tam jurisdictione ejusdem quam aliis bonis, usibus, juribus, franchesiis et libertatibus*. Il lui enjoignait en outre de le défendre contre toute violence, excès ou opposition ; et afin que personne ne pût ignorer cette prohibition, il lui donnait l'ordre de faire dresser, partout où il serait nécessaire, les panonceaux ou penonceaux fleurdelisés : *Penumcellos regios floribus lilii apponi faciat,* en signe de cette protection et sauvegarde royale.

---

1. Arch. départ. de la Haute-Garonne, fonds de Malte, I. n° XXII. Pièce sans numéro.

Enfin, une note écrite au verso de ce document nous apprend que les délinquants étaient menacés d'une amende de 100 marcs d'argent au profit du roi.

Cette sentence, qui aurait dû terminer l'affaire, ne mit fin ni aux usurpations, ni aux empiètements du bailli royal d'Avignonet. La lutte dut se poursuivre ardente et inégale, puisqu'en 1475 le commandeur Guillaume de Calmont reconnaissait, avec les consuls de Caignac, que la juridiction du chef-lieu de sa commanderie appartenait au roi et que les consuls d'Avignonet, au nom du roi, y exerceraient la justice.

C'est ce que nous lisons dans un extrait d'une reconnaissance faite au roi par le commandeur et les consuls de Caignac en l'an 1475 et non en 1415, comme le porte par erreur la pièce que nous citons [1] (le commandeur Guillaume de Calmont n'administra la commanderie que de 1457 à 1478) : *Præceptor et consules recognoscunt quod dictus Dominus Rex habet jurisdictionem in eodem loco.*

Pendant quelques années, en effet, les consuls *du lieu* d'Avignonet furent chargés de rendre la justice à Caignac, et ils furent officiellement investis de cette prérogative avant 1483, puisque le roi

1. Arch. dép. de la Haute-Garonne, fonds de Malte, l. XX. Pièce non numérotée.

de France la leur reconnaissait dans les privilèges qui leur étaient accordés [1] cette même année.

Au commencement du seizième siècle, la commanderie passa entre les mains de Frère Géraud de Massas, et il la gouverna de 1513 à 1534. C'était un chevalier zélé, vigilant et jaloux de ses droits. Sa famille était, d'ailleurs, puissante au Parlement de Toulouse. Le nouveau commandeur comprit quel énorme préjudice il se causait à lui-même et à ses successeurs, en faisant ainsi l'abandon de ses droits. Aussitôt il se mit à l'œuvre, et ce fut avec autant d'énergie que de succès qu'il sut faire valoir ses titres. En 1532, les trésoriers de France rendaient un jugement en sa faveur. Par ce jugement, Géraud de Massas était maintenu, à titre provisoire, en la juridiction de Caignac [2]. Voici les principaux passages de ce document :

« Les trésoriers de France à maistre Michel du
« Faur, juge ordinaire pour le Roy en la sénes-
« chaussée de Tholose, salut.

« Nous, en ensuyvant l'ordonnance et délibéra-
« tion de consel par nous officiers du Roy en la
« séneschaussée de Tholose, assemblez au bureau
« de la trésorerie du dit Tholose, donnée entre le

---

1. Arch. départ. de la Haute-Garonne, fonds de Malte, l. XXII, n° 7.
2. *Idem*, l. XXII, n° 7.

« procureur du Roy en ladite séneschaussée, de-
« mandeur, d'une part ;

« Et Frère Gérauld de Massas, chevalier de
« l'Ordre de Sainct Jehan de Jhlem, comandeur
« de Canhac, défendeur, d'autre ; pour raison du
« lieu et juridiction dudict Canhac, dont la te-
« neur s'ensuyt :

« Veü par Messire Charles de Pierre... trésorier
« général de France, nous juge-maige et lieute-
« nant susdit à lui assistant, les privilèges oc-
« troyés aux habitans du lieu d'Avignonet par le
« roy Loys, de bonne mémoire, au moys de may
« mil quatre cens huitante troys, ordonnances
« de M^{rs} les commissaires députés par le roy sur
« la révocation de son domayne et saisiment fait
« du lieu et jurisdiction de Canhac par maistre
« Guillaume Dampmartin, lieutenant.....

« Mys par devers nous l'enqueste faicte par le
« juge de Lauraguez, datée de l'an 1519, faicte à
« la requeste du comandeur de Canhac, un acte en
« parchemin de certaine procédure faicte par le
« juge du commandeur en 1296, aultre acte faict
« par les officiers du dict comandeur, daté de
« l'an 1330..., une sentence donnée par ledict juge
« de Canhac datée de l'an 1304, ung instrument
« datée de l'an 1332, ung procès criminel daté de
« l'an 1522, ung dictum d'arrest daté de l'an 1531,

« une sentence donnée par Monseigneur le séné-
« chal de Tholose datée de l'an 1525.....

« En suite meüre delibération avecques les offi-
« ciers du dict seigneur, avons, suyvant le ranvoy
« faict par le dict Dampmartin, en faisant la
« saisie et exécution figurative du dict lieu et
« juridiction de Canhac, renvoyé et renvoyons les
« dites parties par devant les dits commissaires
« ordonnés par le Roy sur la dite réunyon, à Pa-
« ris, au jour assigné par le dict Dampmartin.

« Et ce pendant, avons déclairé et déclairons
« faire préjudice de la dite figurative saisie et exé-
« cution et droit du Roy, que n'entendons empes-
« cher le dict de Massas, comandeur de Canhac,
« qu'il ne puisse joyr et user de la dite juridic-
« tion dudit lieu de Canhac, et icelle faire exercer
« par ses juges et autres officiers, tout ainsi que,
« par cy devant, en a joy et usé, le tout jusques à
« ce que, par le Roy ou ses dits commissaires,
« aultrement en soit ordonné.

« Et en oultre enjoignons aux consuls du dict
« Avignonet à la peine de cent marcs d'or, de
« fournir et bailler au dict procureur du Roy tous
« les actes de justice, et exercice de juridiction,
« procès et procédures, desquels, par cy devant
« ont usé, pour et au nom du Roy, tant au lieu
« de Canhac qu'autres lieux......

« Le premier jour du moys de mars de l'an mil
« cinq cens trente deux, vous avons commis, or-
« donné et député, commettons, ordonnons et dé-
« putons par ces présentes, pour appeler ceulx
« qui pour ce seront à appeler, vous transporter
« au dict lieu de Caignac et ailleurs ou besoing
« sera, et illic mettre icelle sentence et ordon-
« nance à exécution, de point en point, selon sa
« forme et teneur, les solempnités en tel cas requi-
« ses gardées et observées..... »

Cette première victoire, sans être décisive, fut
pour le commandeur le prélude du succès définitif.
Le procès pendant fut porté devant la cour du Parlement de Paris, et le sixième jour du mois de
mai 1533, le procureur de Géraud de Massas com-
paraissait devant les commissaires du roi pour leur
présenter la requête du commandeur, qui protes-
tait contre la saisie de ses droits de seigneur haut
et bas justicier, et en demandait la mainlevée
(*manum levatam*) [1]. Sa requête, accompagnée
de toutes les pièces nécessaires, parut fondée sur
le droit, et le 21 mars 1533, la cour rendait un
arrêt qui replaçait entre les mains du commandeur l'entière juridiction du chef-lieu de sa commanderie, et obligeait ceux qui en avaient illéga-

1. Arch. départ. de la Haute-Garonne, fonds de Malte, l. 22, n° 8.
Voir Pièces justificatives.

7

lement perçu les droits et revenus à les restituer aussitôt.

Cette fois, le triomphe était complet. Le commandeur, de par l'autorité du roi, était reconnu comme seigneur haut, moyen et bas justicier, et l'exercice de cette juridiction ne lui sera plus désormais contesté.

Jusqu'à cette époque, au seizième siècle, l'absence de documents nous a empêchés de nous rendre compte de la procédure usitée dans les cours de justice seigneuriale. Cette justice, quoique barbare à nos yeux, n'était pas l'arbitraire; il y avait un code de législation, et les juges, instruits, tous « docteurs-ez-droitz », avaient une conscience. — Mais les droits de la défense étaient-ils sauvegardés? Dans quelles conditions se faisaient les interrogatoires, les enquêtes, les informations, les confrontations, audition de témoins, etc., etc.?... Un document du seizième siècle [1], que nous avons cité dans le jugement rendu par les trésoriers de France en faveur du commandeur de Massas, nous fournira nombre de détails capables de jeter quelque lumière sur ces intéressantes questions.

Ce document, écrit en langue romane, a pour

---

1. Arch. départ. de la Haute-Garonne, fonds de Malte. Caignac. Procès criminel de 1522.

titre : « Procès criminel du procureur de Noble et Religieux homme fraire Guiraud de Massas, chevallier de l'Ordre de Sainct-Jehan de Jhlem, seigneur et commandeur du lieu de Caignac, à l'encontre de Jehan Gaffié, *alias* le Monge de Caudenal, natif del loc de Frountounh, diocesa de Tholosa, lequel procès a esté faict en la cour ordinaire au lieu de Caignac par devant nous, Mons. Jehan de Ausono, docteur-ez-droictz, habitant de Thle, juge ordinaire du dict lieu... » et il porte la date de 1522.

Nous y trouvons d'abord une information secrète, faite par la cour ordinaire de Caignac, et les témoignages recueillis dans cette information contre le prévenu.

A la suite de cette information, dans laquelle déposèrent « Johan Tarabina et Guilhem Jalabert, *obrier de la gleiza parroquala* de Cagnac (fabricien de l'église paroissiale de Caignac), le juge Jean d'Alzonne ou d'Ausone donna l'ordre à Pierre Pascal, bayle, d'arrêter et de « prendre au « corps » le dit Jean Gaffié. C'était ce qu'on appelait la concession des lettres de CAPIATUR.

. Nous assistons ensuite aux premiers interrogatoires faits par maître Germa Engelbert, lieutenant de juge et notaire de la commanderie de Caignac. Avant chaque interrogatoire, l'accusé prêtait ser-

ment sur les saints Evangiles de Dieu de dire
bonne vérité et il entendait la lecture de sa déposition précédente pour la rectifier, s'il y avait lieu,
ou l'approuver.

Les confrontations « *accaraciones facia a
facia* » se faisaient aussi « *meiausan sagra-
ment* » moyennant de prêter lè serment de dire
la vérité, et on demandait aux témoins s'ils voulaient quelque mal à l'accusé.

Le réquisitoire est prononcé par le procureur du
commandeur, maître Pierre Tassrend, en présence
de toute la cour assemblée « en la salla nauta del
castel de la comandaria, « et de l'accusé, » assu-
jetat sur une escabella, los fers à la cambas. »

Après le réquisitoire, l'accusé déclara n'avoir
pas à protester contre l'accusation, ayant déjà fait
les aveux de tous ses crimes, et il refusa de se
constituer un avocat, faisant appel pour toute
défense à la bienveillance de ses juges : *bous
pregan, per amour de Diu, que ajats mercy de
my, car jou no saubria bayla autras defensas.*

Mais les juges de ce temps-là n'étaient pas faci-
les à attendrir. Pendant les deux jours qui suivirent, ils examinèrent de nouveau le dossier, enten-
dirent l'accusé sur d'autres crimes qu'il avait commis en dehors de Caignac, et le dernier jour du
mois de mars 1522 la sentence fut rendue. Elle con-

damnait Jean-Gaffié « à être mis entre les mains de
« l'exécuteur de la haute justice, lequel te fera faire
« le cours par les lieux et carrefors accoustumés de
« Caignac, la corde au col, sur un cheval basté, le
« crieur précédant, lequel dénommera ses crimes,
« larcins et sacrilèges, et puis seras mené aux for-
« ches et gibet du présent lieu, et la seras pendu et
« estranglé, tes biens confisqués au dict seigneur,
« sauf la quarte partie à tes femmes et enfants,
« desquels biens sera défalqué pour satisfaire au
« larcin par toi faict en l'église du dict lieu. »

« Laquelle sentence ausie et proférée, le dict
« procureur *gratias egit.* »

Remarquons que rien, dans ce procès, que nous
avons parcouru avec soin, ne nous autorise à sup-
poser que l'accusé ait été soumis à la *torture.* Ce
procédé barbare, dont le Moyen-âge avait usé,
avait été aboli à cette époque, ou bien les juges
ne s'en servaient déjà plus pour arracher les
aveux à l'accusé. Une fois seulement, ce dernier se
plaignit amèrement de ce qu'on lui faisait subir
les interrogatoires et de jour et de nuit, ce qui
hâtait le cours du procès, mais le privait d'un
repos légitime.

Le condamné, connaissant peut-être, par les enquêtes qui se faisaient à cette époque, les difficultés du commandeur avec l'autorité royale au sujet

de la justice, et espérant mettre à profit le dissentiment qui s'était élevé, en appèla de ce jugement an sénéchal de Toulouse. Et, en effet, le 1ᵉʳ avril 1522, « dans le consistoire de la salle neuve et « par-devant Maistre Johan Chavaignac, docteur « es-droictz, conseiller du roy notre sire et son « juge-maige en la sénéchaussée de Toulouse, « lieutenant de magnifique et puissant seigneur « le sénéchal de Toulouse, a esté admené Jehan « Gaffié, et été interrogé de quoi il était appelant, « il répond sur ce que il avait été condamné « contre raison, car ce que j'ai dit n'est pas vrai. »

Et incontinent, après cet interrogatoire, une sentence est rendue qui confirme celle du juge de Caignac.

« Déclarons, après mûre délibération, qu'il a été « bien jugé par le juge ordinaire de Caignac ou « son lieutenant, et mal appelé, et par conséquent « ordonnons au dict juge mètre la dite sentence à « exécution. »

Et le 6 du même mois, le condamné fut reconduit à Caignac, et là « il a esté remis entre les « mains de Maistre Antoine Pinel, maistre de las « autas obras, et après qu'es estat estacat à la « corda mesa en son col, a faict le cours per lo « dit loc de Caignac accoustumat, et es estat « admenat al loc apelat *al cap de Lagriulet*, et

« aqui per lo dict Pinel pendut et estranglat. »

Etaient présents : frère Jean Cavalier, recteur, et frère Pierre Marc, de l'ordre des Frères Prêcheurs (*predicadors*), confesseurs du susdit prisonnier; Guillem de Lagarda, consul du lieu de Montgiscard ; Maistre Pierre Gasquet, notaire dudit lieu; Pierre Tassrend, Pierre Pascal Bayle, Bertrand Bonnet, du lieu de Caignac, et plusieurs autres habitants, *en nombre de mila personas et plus*.

Que conclure de ce procès, sur lequel nous nous sommes étendus avec plaisir, sinon que la justice seigneuriale suivait un cours tout aussi régulier que la justice royale, et qu'en particulier l'Ordre de Malte, si puissant daus nos pays, veilla toujours à ce que les arrêts de justice fussent loyalement et équitablement rendus. Aussi comprend-on la réponse d'un des témoins de l'enquête de 1314 à qui l'on demandait s'il avait des préférences pour la justice du roi plutôt que pour la justice du commandeur, et qui répondit : *Prædiligo illam in qua jus venit, quia non spero habere majus commodum de una parte quam de alia.* « Je préfère celle qui a le droit pour elle, car je n'ai pas à attendre plus d'avantages de l'une que de l'autre. »

Les visites des commanderies qui s'établirent au commencement du dix-septième siècle contribuèrent à maintenir le bon renom de la justice seigneuriale. Les commissaires visiteurs ne manquaient pas, en effet, de s'enquérir auprès des consuls si les officiers de justice s'acquittaient fidèlement des devoirs de leur charge, et nous n'avons pas trouvé qu'à Caignac leurs subordonnés leur aient, à ce sujet, adressé un reproche ou une plainte.

Dans le procès-verbal d'une visite faite le 27 mai 1709 par frère François de Pontevès-Bargème, commandeur de Golfech, et Jean Carbonel, prêtre religieux de l'Ordre et collégial au grand-prieuré de Toulouse, nous trouvons la liste complète des officiers judiciaires et municipaux à cette époque. *Consuls* : Paul Bonis, bourgeois, Jean Marc et Antoine Amiel ; *juge* : Jean-François Marquié ; *procureur juridictionnel* : Pierre Durand ; *greffier* : Jean Jonqua, notaire ; *bayle* : Pierre Poudac.

Et à la fin du procès-verbal, au chapitre des réparations ordonnées par les commissaires visiteurs, nous lisons ce qui suit : « Ordonnons à « Mgr. le Commandeur de destituer Pierre Duran « de la charge de procureur d'office, à cause qu'il « n'est point attaché, comme il devrait l'être, aux « intérêts de l'Ordre, et que d'ailleurs il n'est ni « capable ni digne d'exercer cet emploi. »

D'ailleurs, quelquefois les officiers royaux se permirent de rappeler à l'exercice de leurs devoirs les commandeurs qui négligeaient de les remplir ou de les faire remplir. Les archives municipales[1] nous ont conservé, par hasard, une sommation adressée en 1774 à M. le Commandeur Charles-Félix de Galéan-Gadagne, par le procureur du roi de Castelnaudary, au nom du sénéchal de Lauragais, pour avoir à rétablir l'ordre dans la communauté de Caignac. « L'an mil sept cent soixante et « quatorze, et le neuvième jour du mois de mars, « par moy, Augustin Castillon, baile de la com- « manderie de Caignac, soussigné, à la requête de « Monsieur le procureur du Roy en la sénéchaus- « sée et siège présidial de Lauragais, qui fait « élection de domicile en son hôtel à Castelnau- « dary, est exposé et signifié à messire de Galéan « de Gadagne, commandeur dud. Caignac, qu'il « ne peut être dissimulé les vols, entreprises et « désordres qui se commettent au lieu et juridic- « tion dud. Caignac par plusieurs méchans que « l'impunité du crime enhardit ; que, notament, « dans le cours du mois de septembre dernier, il « a été uzé par *** et *** de contre-clefs et autres « ruzes et mouvements pour ouvrir les portes ; et

______

1. Caignac, archives communales.

« parce que, suivant les Règlements, les seigneurs
« haut justiciers ont la faculté de faire informer,
« et décréter, et d'envoyer le tout aux sénéchaux,
« pour se dispenser des suites qui demeurent aux
« soins du ministère public; que sinon les procé-
« dures pour la poursuite des crimes sont au soin
« et diligence des procureurs du Roy, dans ce cas
« aux frais des seigneurs haut justiciers, il est,
« par le présent, fait l'exposition des faits cy des-
« sus au dit messire de Galéan de Gadagne, avec
« sommation de se conformer aux Règlemens, et
« d'uzer, si bon lui semble, des facultés qui sont
« données ; autrement il est déclaré que, passé le
« délai de trois jours, le requéreur fera les pour-
« suites de droit, protestant de tout ce qui peut
« être protesté. Baillé copie au dit m^{re} de Galéan
« de Gadagne, commandeur dudit Cagniac, en
« parlant à la personne du sieur Bonis, sous-fer-
« mier de la commanderie, consierge du château,
« et procureur jurisdictionel nommé au dit lieu
« de Cagniac, trouvé dans le château. En foi de
« ce. Castillon, signé. »

Ce document nous apprend que la justice seigneuriale pouvait avoir des défaillances. Était-ce
seulement depuis que les *Règlemens* autorisaient
les seigneurs haut justiciers à recourir à la justice royale? Nous l'ignorons. En tout cas, ce do-

cument prouve que le commandeur de Caignac, à la veille de la Révolution française, était encore, sans contestation, seigneur haut justicier, et c'est cela surtout que nous avions à cœur de démontrer.

CHAPITRE V.

La vie communale.

A côté du pouvoir souverain du commandeur, qui était à la fois le seigneur spirituel et temporel, se dressait un autre pouvoir, plus faible, il est vrai, mais qui devait suffire cependant à contrebalancer l'extrême puissance du premier et à en contrôler les actes : c'était l'autorité communale représentée par le consulat.

Dans toutes les vieilles villes du Midi et dès le douzième siècle, nous trouvons le consulat fermement établi et reconnu, sans contestation, comme un pouvoir public. Dans quelques-unes de ces villes, les consuls rendaient eux-mêmes la justice, commandaient les forces militaires, réglaient les affaires courantes, en un mot administraient la cité[1].

1. Garreau, *Etat social de la France au temps des croisades*, p. 358, en note.

Les chevaliers de Saint-Jean de Jérusalem, eux, n'avaient aucun intérêt, et on le comprendra aisément, à donner aux constitutions communales dépendant de l'ordre, ni une puissance trop étendue, ni des privilèges trop nombreux, dont ils se seraient dépossédés. C'eût été une générosité inouïe, dont la pensée ne pouvait leur venir à l'époque troublée dont nous parlons.

Cependant, ils essayèrent bien d'imiter les concessions plus larges et plus libérales faites, par l'autorité royale, aux villes neuves et aux nombreuses bastides que l'on vit surgir, tout à coup, aux treizième et quatorzième siècles, sous l'influence du grand mouvement démocratique qui caractérisa le siècle précédent, le douzième siècle[1]. Dès que la munificence de quelque grand seigneur mettait l'Ordre de Saint-Jean en possession de quelque ville ou bourgade, les grands-maîtres ou les grands-prieurs se hâtaient d'octroyer une charte de coutumes qui avait force de loi, une fois promulguée, et d'ériger une communauté ou commune..

Les archives nous ont conservé le parchemin de la charte de coutumes qui fut accordée à Caignac par le grand-prieur de Saint-Gilles, Guillaume de

---

1. Garreau, *op. cit.*, 344.

Villaret, en 1299 [1]. Malheureusement, ce vieux document nous est parvenu fort amoindri et l'écriture en est devenue complètement illisible. A peine peut-on y relever le taux de l'amende qui était infligée à ceux qui avaient fait quelque blessure mortelle. C'est une lacune regrettable dans l'histoire de la commanderie, et difficilement on y peut suppléer. Cette pièce, importante entre toutes, nous eût peut-être appris et la date précise de l'institution du consulat, les attributions des consuls, et la condition de la classe dépendante dans le ressort de la commanderie, au treizième siècle.

Il est malaisé, en l'absence de ce document, de définir et de faire connaître la situation exacte de l'habitant des campagnes, du tenancier. Au treizième siècle, le servage avait déjà disparu. On n'en trouve plus de traces dans les parchemins nombreux qui nous ont été conservés. Les seigneurs de Laurac avaient eu, un siècle avant, l'intention d'ériger une *Salvetat* ou lieu de franchise, et si leur intention avait été pleinement respectée, l'affranchissement de leurs hommes eût été complet [2].

Il faut remonter jusqu'à la première moitié du douzième siècle et au delà pour rencontrer des cas de servage proprement dit, c'est-à-dire de

1. Arch. départ. de la Haute-Garonne, fonds de Malte, l. 21, nº 6.
2. Pièce justificative nº I.

l'homme dépendant *absolument* de son seigneur et attaché à la terre qu'il cultive, « à la glèbe. » En 1167, Beg de Calmont cède aux Hospitaliers de Caignac un homme et deux femmes, et reçoit en échange quinze sols tolsans [1]. N'est-ce pas là le servage ?

Un contrat de vente passé en 1230 entre Grimaud d'Issus et le commandeur de Caignac [2] nous apprend qu'à cette époque les tenanciers pouvaient, s'ils le voulaient, quitter les terres de leur seigneur, *si in villa Caniaci permanere noluerit.* Et non seulement le tenancier peut abandonner la terre ou la maison qu'il tient de son seigneur, mais il peut encore la vendre, la donner, la louer ; il suffit que le nouveau détenteur s'oblige aux mêmes redevances qui incombent au vendeur ou donateur. Dans une reconnaissance de l'an 1233, Pierre-Jean de Marquein et ses frères Raymond et Guillaume reconnaissent, par-devant frère Roger de Saint-Mézard, lieutenant du commandeur, devoir à ce dernier la censive d'une poule payable, tous les ans, à la fête de saint Thomas, et cela en raison de la maison qu'ils possèdent à Caignac ; et Roger de Saint-Mézard reconnaît, à son tour, qu'ils peuvent

1. Arch. départ. de la Haute-Garonne, fonds de Malte, l. 1, sans numéro.

2. Pièce justificative n° VIII.

vendre, donner, louer cette maison : *illam vendere, dare, nel impignorare, excepto clerico ant domo Religionis et milite, salvis tamen censibus et usibus*[1].

Le serf était donc déjà devenu le villain (*villanus*) ou paysan libre, payant une rente annuelle qu'on appelait le cens, et soumis encore à la *corvée* qui est un reste de l'ancien servage.

Telle était la condition des habitants de Caignac quand Guillaume de Villaret leur octroya, en 1299, la charte de coutumes, qui organisait la communauté et devenait le code de législation civile et criminelle de ces temps-là.

A quelle date remonte l'institution du consulat ? Nous en sommes réduits à une hypothèse. Il nous paraît vraisemblable que cette institution dut suivre de près la charte de fondation de 1171. Ce qui est certain, c'est que le consulat existait dès le commencement du treizième siècle. Un vieux document de cette époque, que la comparaison des écritures nous ferait placer entre 1220 et 1240, nous a conservé les noms des quatre consuls qui administraient alors la communauté. C'est un traité de paix que les consuls et habitants de Caignac s'engagent à respecter sous la foi d'un serment irré-

1. Arch. départ. de la Haute-Garonne, fonds de Malte, l. 20, n° 1.

vocable. A quelle occasion ce traité fut-il signé? Il serait intéressant de le savoir. En tout cas, ce ne fut pas à la suite de ces querelles intestines, ni de ces divisions locales qui séparent parfois si profondément les hommes d'une même commune. Voici les termes de ce traité : « Moi, Bernard Ga-
« rard, et moi A. Maurin, et moi R. Bonet, et moi
« Pierre Dubois, nous tous consuls de la ville de
« Caniacq, promettons et jurons sur les quatre
« saints Evangiles de Dieu, touchés corporelle-
« ment, que nous, dans le comté de Toulouse,
« nous nous attachons fermement à une paix
« entière et durable : cette paix, nous l'observe-
« rons inviolablement contre les ravisseurs (*rap-*
« *tores*), détrousseurs de grand chemin (*camino-*
« *rum fractores*) et voleurs (*latrones*). Cette paix,
« jamais nous ne la violerons, et si quelqu'un ou
« quelques-uns voulaient la violer, contre eux et
« leurs défenseurs, nous prêterons fidèlement con-
« seil, secours et assistance, et nous sauvegarde-
« rons, au contraire, tous ceux qui, pour le sei-
« gneur comte de Toulouse, observeront cette paix.
« Si quelqu'un ou quelques-uns portaient des
« armes, nous les leur enlèverons; nous les re-
« tiendrons, si nous le pouvons, ou nous les dé-
« noncerons (*tenebimus, si possumus, vel cla-*
« *mabimus*). »

Suit une longue liste de ceux qui donnèrent leur approbation à ce traité de paix, parmi lesquels nous relevons les noms de Willelm de Saint-Léon et de son fils R. W., de Pierre de Saint-Léon et de son frère Raymond, de Bernard du Rival, de Bernard de Gibel, de Pierre de Villèle et de W. R. de Laurac : *Omnes isti, uti superius notantur, fecerunt sacramentum pacis, uti consules superius notati fecerunt*[1].

L'enquête de 1314, dont nous nous sommes servis à plusieurs reprises, est plus explicite. Un des témoins qui déposèrent en cette enquête, Pierre Tesseyre (Petrus Textoris), qui avait été consul vingt-cinq ans auparavant cette date, c'est-à-dire plusieurs années avant la concession de la charte de coutumes, résume la tradition en ces termes : « C'est l'habitude à Caignac que les consuls, à « l'expiration du temps de leur consulat, choisis- « sent huit hommes probes de Caignac et les pré- « sentent au précepteur de Caignac, ou en son « absence à son lieutenant, et ledit précepteur ou « son lieutenant, parmi ces huit, prend les quatre « qu'il veut et les crée et les institue consuls, et « leur fait prêter serment d'être bons et loyaux « dans leurs rapports avec le seigneur et la popu-

---

1. Arch. départ. de la Haute-Garonne, fonds de Malte, l. ɪ, nº 49.

« lation dudit lieu, et de se conduire avec bonté
« et fidélité dans l'exercice de leur consulat[1]. »

Plus tard, nous ne saurions fixer l'époque, la
population ayant diminué, ou Caignac n'ayant
pas pris une extension assez considérable, on sup-
prima un titre consulaire, ce qui réduisit le nom-
« bre des consuls à trois.

La visite particulière de 1753 attribue en effet
au commandeur « le droit de choisir, tous les ans,
« trois consuls sur la présentation de six person-
« nes qui lui en est faite par ceux qui sortent de
« charge, qui prêtent ensuite le serment par-de-
« vant son juge le dimanche avant la Noël. »

Cette cérémonie de la prestation du serment
revêtait, comme en d'autres endroits, un carac-
tère de solennité destiné à impressionner, à la
fois, les nouveaux élus et le peuple dont ils
allaient gérer les intérêts.

C'était une véritable cérémonie d'investiture.

Les consuls étaient conduits processionnelle-

---

1. « Consuetum est apud Caniacum quod consules dicti loci, quando
compleverunt tempus sui consulatus, eligunt octo probos homines de
Caniaco et eos præceptori de Caniaco vel ejus locum tenenti præsen-
tant, et dictus præceptor de Caniaco vel ejus locum tenens accipit, de
illis octo, quatuor quos vult, et eos creat et instituit consules, et eos
facit jurare quod sint boni et legales domino et populo dicti loci de
Caniaco, et quod bene et fideliter se habeant in officio sui consulatus. »
(Enquête de l'an 1314.) Archiv départ., fonds de Malte, Caignac.

ment sur la place publique, et là, en présence du commandeur, s'il était sur les lieux, et du juge de la commanderie, ils levaient les mains sur les saints Évangiles et promettaient obéissance aux lois divines, respect au seigneur-commandeur, et juraient d'administrer avec fidélité et en bons pères de famille tous les intérêts qui leur étaient désormais confiés.

Voici conservé, dans le registre des délibérations de l'an 1769, le mode d'élection en usage à cette époque[1].

« L'an 1769 et le troisième jour du mois de jan-
« vier, au lieu de Cagnac, le conseil de la com-
« munauté assemblé et convoqué en la manière
« ordinaire, du mandement du s^r Jean-Paul Clau-
« zel, premier consul, auquel dit conseil, convo-
« qué par billets, ont assisté ledit s^r Clauzel, pre-
« mier consul, Germain Germa et Jean-Pierre
« Blanc, autres consuls, ayant l'assistance du
« s^r Jean-Pierre Bonis, procureur jurisdictionel,
« de Jean-Pierre Saffon, Bernard Dalquier, Bar-
« thélemy Germa, Pierre Blanc et Paul Marquier,
« conseiliers, Monsieur le juge absent, quoique
« appelé;
« Auxquels il a été représenté par ledit premier

1. Caignac, arch. communales.

« consul qu'il est d'usage dans ladite communauté
« de procéder, tous les ans, à la mutation consu-
« laire et à chaque premier janvier, et que n'ayant
« pas pu convoquer le conseil le 1er de ce mois, il
« l'avait fait par billets à ce jour; et qu'attendu que
« la plus grande partie des conseillers sont ici
« présents, il propose à ladite assemblée de pro-
« céder à la nouvelle nomination de neuf sujets
« qui doivent être présentés à Monsieur le com-
« mandeur en trois colonnes, et ce afin qu'il
« puisse valablement faire le choix de la colonne
« qu'il jugera agréable et la plus propre à remplir
« les fonctions de consul la présente année 1769.

« Sur quoy, le scrutin ouvert, après que tous
« les asistants y ont eu procédé, il s'est trouvé
« qu'à la pluralité des sufrages et pour le premier
« rang, il a été nommé :

1re colonne.	2e colonne	3e colonne.
« Le sr Germa.	Étienne Pinaud.	Pierre Espitalier.
« Pierre Blanc.	Germain Marquier.	B. Dalquier.
« Jean Fauré	J. Pierre Saffon Monluc.	Paul Marquier.
(de Jean David).		

« Priant, à cet effet, Monsieur le commandeur,
« de vouloir faire le choix de la colonne qui lui
« sera le plus agréable; elle a encore délibéré que
« le sieur Jean-Pierre Bonis, procureur jurisdic-

« tionel, la lui présentera pour faire faire le
« choix, et ont signé ceux qui ont sceu. Germa,
« Clauzel, Bonis, Blanc, Saffon, Dalquier.
« (Collationé à Mazères le 19 de l'an 1769. Reçu
« treize sols. Marquié).

« Nous, frère François-Louis de Franc-Montgey,
« chevalier de Saint-Jean de Jérusalem, com-
« mandeur de la Favillanne, procureur général et
« receveur de notre Ordre au grand prieuré de
« Toulouse, vu la nomination consulaire à nous
« présentée par les Consuls et communauté de
« Cagnac, avons, comme administrateur de la com-
« manderie de Cagnac, actuellement vacante,
« choisy et nommé pour premier consul Germain
« Germa, pour second consul Pierre Blanc, et
« pour troisième consul Jean Fauré, pour par eux
« servir en lad. qualité la présente année, après
« avoir prêté le serment en tel cas requis, devant
« le juge de la commanderie, à Toulouse, le 12 jan-
« vier 1769. — Signé, le chevalier de Montgey. »

« L'an 1769 et le dix-septième jour du mois de
« janvier, par devant nous, Alexandre de Joterat,
« avocat au Parlement, habitant de Toulouse,
« juge de la commanderie de Caigniac et dudit
« Caigniac, chef-lieu d'icelle, ont comparu Ger-
« main Germa, Pierre Blanc et Jean Fauré, assis-
« tés de Jean-Pierre Bonis, procureur jurisdictio-

« nel, lesquels ont dit que sur la présentation de
« trois sujets pour chaque place et rang de consul
« faite par la communauté de Caigniac dans la
« délibération du trois courant, il a plu à messire
« de Franc-Mongey, chevaillier administrateur de
« lad. commanderie vacquante, de faire le choix
« des susdits Germa pour premier consul, Pierre
« Blanc pour second et de Jean Fauré pour le
« troisième; à raison de lad. élection, il nous ont
« requis et requièrent de recevoir leur serment en
« la forme accoutumée : sur laquelle réquisition,
« veu la susdite élection signée, le chevaillier de
« Montgey, à la suite de l'extrait de la susd. déli-
« bération, ouy led. sieur Bonis, procureur juris-
« dictionel, qui n'ayant aucun objet à proposer,
« a consenti à lad. prestation de serment. Pour
« quoy, les susd. Germa, Blanc et Fauré, étant
« au devant de l'église parroissiale du présent lieu,
« leurs mains mises sur les saints Évangilles, ont
« promis et juré de bien et fidèlement faire le de-
« voir de leur charge, de régir et administrer les
« affaires de la communauté avec zelle, et de
« veiller à l'intérêt de la veuve et de l'orphelin;
« après quoy les avons installés en lad. charge de
« consul pour en percevoir les honneurs, émolu-
« mens et exemptions y attachées, et sera tant la
« susd. élection que le présent enregistré sur le

« registre des délibérations et duement controllé
« dans le délai des règlemens. En foi de quoy me
« suis soubssigné, le sieur Bonis, les susd. nou-
« veaux éleux et notre secrétaire greffier, les ans
« et jour que dessus. — Signé : de Joterat, Bonis,
« Germa, Blanc [1].

Nous n'avons pas pu savoir si nos trois consuls
jouissaient du privilège envié d'avoir un sceau à
leur usage personnel et de porter, dans l'exercice
de leurs fonctions, un chaperon de couleur qui
était comme le signe distinctif de leur dignité.

Il faut le reconnaître, dans les petites bourgades
ou villages dépendant de l'autorité temporelle de
l'Ordre de Malte, le pouvoir des consuls se rédui-
sait à peu. C'était surtout un ministère de surveil-
lance et de contrôle qui avait un double effet :
1° protéger le commandeur contre les usurpations
possibles de terres ou de droits seigneuriaux et
2° protéger les tenanciers contre les injustices et
les exactions des seigneurs et, en leur absence,
des officiers qui les représentaient [2]. Sans initia-
tive personnelle, le consulat exerça cependant une
influence régulatrice et bienfaisante, et encore que

1. Les trois pièces que nous venons de citer sont extraites mot à
mot du registre des délibérations de l'ancienne communauté, conservé
en fascicules épars dans les archives communales de Caignac.

2. Arch. dép. de la Haute-Garonne, fonds de Malte. Visite de 1695.

son origine et son mode d'élection le rendissent dépendant, il contribua puissamment au maintien du bon ordre et à l'exercice régulier de la justice.

Les délibérations du corps consulaire avaient lieu en séance publique et « la plus grande et saine partie de la population » se faisait un devoir d'y assister. Pour donner plus de poids à leurs décisions et s'entourer de plus de lumières, les consuls réunissaient autour d'eux ce qu'on appelait le CONSEIL POLITIQUE, composé de six et huit membres, choisis parmi les habitants, à l'effet de « renforcer, conseiller et assister » les consuls. Nous ne savons pas comment et par qui était nommée cette *commission communale*. Sûrement, elle ne l'était pas par le commandeur. Les visites soit particulières, soit générales, nous l'eussent appris; elle dut être nommée par la population elle-même sur la présentation et l'approbation des consuls.

Malgré que les archives municipales de Caignac soient pauvres et dépourvues d'intérêt, nous y voyons cependant les consuls remplir avec fidélité, et à peu près toujours avec impartialité, les devoirs de leur charge et nous apprenons à y connaître leurs différentes attributions.

C'étaient les consuls qui choisissaient le *messegarius*, le garde champêtre ou bayle chargé tout particulièrement de veiller sur les récoltes, prés, bois, vignes, maisons et jardins, et ils partageaient avec lui la moitié des frais de justice[1]. La nouvelle de l'élection de ce redoutable personnage était portée à la population par la voir du héraut : *Præcone clamante, quod custodirent se a messegario, quando erat de novo institutus.*

En 1610, les trois consuls, Antoine Verfeil, Pierre Berdoures et Jean Saffon, président à la réfection du livre terrier de Caignac qui nous a été conservé et qui est la pièce la plus ancienne des archives municipales. En voici l'en-tête : « C'est le livre terrier et nouvelle estime du tail-« hable de Cagnac, faicte l'an mil six cent diz par « nous Raymond Guiraut, M⁰ arpenteur, de Gibel, « et Jean Lagarde, de Mazères, arpenteur juré au « comté de Foix, acistés de sages hommes An-« toine Verfeil, indicateur, et Germain Galinié, de « Gibel, et Henric Viguier, habitant de Lagarde, « estimateurs, estant consuls, Anthoine Verfeil, et « Pierre Berdoures et Jean Safont fils de Ber-« trand, ayant faicte ladite estime sur trois por-« tions de terre, bonne moïenne et foible[2]. »

A propos de ce livre terrier, qu'on me permette de faire remarquer, en passant et sans insister, la

---

1. Arch. dép. de la Haute-Garonne, fonds de Malte. Caignac, Enquête de 1314. Déposition de Guillaume Noguier.
2. Caignac, archives communales.

place énorme qu'occupa, dans l'exploitation agricole, la culture du pastel. Dans notre pays du Lauragais, ce fut, à partir du quatorzième jusqu'au
dix-septième siècles, la grosse récolte de la ré-
gion. Dans le seul territoire de Caignac, le livre
terrier mentionne jusqu'à dix « molins pastel-
liers » qui se trouvaient dans les dépendances du
château du commandeur, chez Mᵉ Pierre Dagut,
notaire royal, chez messire Philippe de Massas,
seigneur de Lamothe, à Massas, chez Jean Roc-
quet, à Tarabel ou Bertranet, chez Paul Pons, au
Capgros, chez maistre Pierre d'Assézat, conseiller
du roi en sa cour du Parlement de Tholouze, au
Capmas, etc., etc. Cette seule indication nous' ex-
pliquera comment certaines familles d'origine
espagnole, venues à Toulouse, au commencement
du seizième siècle, pour y faire le trafic de cette
plante, purent s'enrichir avec une surprenante rapidité. Les familles de Lopez et de Bernuy, en particulier, réalisèrent en peu de temps, avec ce com-
merce lucratif, de royales fortunes.

En 1638 (délibération du 12 janvier) nous sur-
prenons dans une délibération les angoisses et
aussi les embarras d'argent que suscitaient jus-
que dans les plus humbles villages les dernières
mesures de répression contre les protestants. Les
trois consuls, Jean Mirabailh, Pierre Saffon et An-

toine Marquié, se demandent s'ils peuvent em-
prunter la somme de « cinquante livres ung de-
« nier réclamée par les consuls de Saincte-Gua-
« belle pour la portion du dict Caignac pour
« l'entretien de la compagnie d'ordonnance de
« Monseigneur le maréchal de Luynes (*d'Alluin*),
« commandant pour le roy au présent païs de
« Languedoc [1]. »

La délibération du 20 mars 1644 nous apprend
que les consuls entendaient régir sérieusement les
affaires de la communauté. Antoine Verfeil, premier consul, se plaint « que le lieu de Caignac est
« déserté des habitans et que le nombre de feux
« est en petit nombre, et encore ceux qui y restent,
« lorsqu'ils sont mandés au conseilh, reffuzent de
« cy assembler, ce qui est cause que plusieurs
« afaires soubmises sont fort embarrassées, et il
« demande que les assemblées donnassent pleing
« pouvoir auxd. consuls de exécutoir les dé-
« failhans, après qu'ils seront mandez par le val-
« let desd. consuls, et à la relaxtion du vallet,
« lesd. défailhans seront exécutés par l'esmande

---

1. Vers la fin de 1635, nous apprend l'historien Lescazes, le duc de
Luynes était entré dans le pays de Foix « avec une grande et puissante
armée, laquelle incommoda grandement les habitans par les excessives
dépenses qu'il falut faire pour l'entretien et logement d'icelle. » (Cité par
Röschach, *Foix et Comminges*, in-12, Hachette, 1862, p. 394).

« (amende) que la présente assemblée limiteront
« présentement. » Et, en effet, il est délibéré que
· « les défailhans, or qu'ils n'aient légitime escuze,
« seront esmandés à la somme de 25 sols et
« exécutés au même instant sans autre procédure [1]. »

Nous voyons, dans la même délibération, les
consuls de l'an 1642 exprimer le désir de rendre
« conte de la ministracion par eux faicte » et re-
quérir les consuls de « voulloir nommer des audi-
teurs, au nom de la communauté, non suspects
aux parties. » Satisfaction leur fut donnée. Les au-
diteurs nommés furent Me Sana Seguy, prêtre et
recteur de Caignac, et Arnaud Bonis, marchand de
Lagarde [2].

Enfin, après avoir géré les intérêts des autres,
les consuls ne dédaignaient pas de s'occuper quelquefois d'eux-mêmes. Cette même année 1644,
Antoine Verfeil représenta « qu'il est à propos que
« la dite assemblée délibère sur ce que les con-
« suls ou ceux qui pourront estre depputés pour
« les affaires de lad. communauté et sur ce qu'ils
« doivent prendre chasque jour qu'ils voyagent
« soit à pied soit à cheval, et sur ce qu'ils doi-

1. Caignac, archives communales. Délibérations annexées au livre
terrier.
2. *Idem.*

« vent donner pour chasque délibération à ung
« greffié qu'ils prandront[1]. »

Mais le plus important des devoirs attachés à la
charge consulaire était d'administrer les deniers
communaux.

Voici le budget à peu près invariable des dépenses ordinaires de la communauté de Caignac à
la fin du dix-septième siècle et pendant tout le
dix-huitième.

Dépenses ordinaires.

Loyer de la maison curiale	20 livres.
Appointements de MM. les con-suls	24 —
Pour le greffier................	25 —
Pour le bayle consulaire	3 —
Pour affaires imprévues	30 —
Pour l'entretien de l'horloge	12 —
Pour l'achat de 16 setiers d'avoine et 15 sols d'argent.................	80 l. 15 s.

Ce dernier impôt constituait la part de la communauté de Caignac dans le payement d'un droit
d'albergue payable, tous les ans, au roi de France.
Cette albergue consistait à porter au bailli royal

1. Caignac, arch. comm. Délibérations annexées au livre terrier.

d'Avignonet 32 setiers d'avoine et 3o sols d'argent.
A la suite de quelque accord survenu entre le commandeur et les habitants, il avait été convenu que
les deux parties payeraient ce droit par moitié, à savoir : le commandeur, 16 setiers d'avoine et 15 sols
d'argent, et les consuls, pareille redevance. En
1669, le sieur Pierre Gailhart de Roqua, procureur
général de messire Gabriel de Grilhet de Casilhac,
seigneur et commandeur de Caignac, « a confessé
« et recognu debvoir à Sa Maiesté la somme de
« quinze sols tournois et seize sestiers avoine,
« mesure de Caniac, et ce pour raison de l'albergue
« annuelle et proportionnelle que le dict seigneur
« commandeur de Caniac fait à Sa dite Majesté,

« cy...................... 15 sols tournois,

« cy...................... 16 cestiers avoine,

« payable et portable annuellement la dite alber-
« gue, à chasque feste de la Toussaint, dans la
« maison du fermier de Sa Majesté audict Avi-
« gnonet, la dite albergue ayant été si devant re-
« cognue par frère Philippe de Brocq, comman-
« deur dudict Caniac, l'an 1543... promettant le
« dit sieur Roqua, audit nom que procède et
« faire, toutes et quantesfois que ledict sieur com-
« mandeur et les siens en seront requis, pareilhe
« recognoissance dudict debvoir d'albergue, sous

« l'obligation des biens du dict sieur comman-
« deur[1]. »

De leur côté, les consuls de Caignac étaient tenus à pareille redevance, portable aussi à Avignonet, et le bailli royal devait les héberger pendant leur séjour dans cette ville, c'est-à-dire leur
fournir un repas[2]. Aussi chaque année, au chapitre *Dépenses ordinaires de la communauté*, est-
il fait mention de cet impôt. « A representé le
« sieur Clauzel, premier consul, que le présent
« lieu faict d'albergue, tots les ans, à la bailie
« royale de Vignonet, la quantité de setze cestiers
« avoine et 15 sols argent, et si lesdits assemblés
« dézirent mettre lad. avoine en argent, pour ce
« faire, sera mise à la moing ditte pour le profit
« de la communauté. Après plusieurs moins-
« dittes (sorte d'enchères publiques) serait restée
« à Maistre Arthur Dagut, controleur des décimes
« au diocèse de St Papoul, à raison de 37 sols le
« cestier, à ce comprinz les 15 solz, laquelle
« somme le dit Agut sera tenu de la rendre et
« aporter en la ville de Vignonet ou à celui qui a
« achepté le dict droit, qui est le sieur de Paulo,

---

1. Arch. départ. de la Haute-Garonne, fonds de Malte, l. 20, n° 28.
Cf. *ibid.*, l. 20, *pièce non numérotée*, contenant un extrait de reconnaissance faite au roi par le commandeur Guillaume de Calmont en 1475.

2. Reconnaissance de 1475, l. 20.

« seigneur et baron de Caumont, et rapporter
« quittance dudict droict[1]. » (Délibération de l'an
1648.)

Malheureusement, ce n'était pas là le seul impôt
que dût payer la communauté de Caignac. En
dehors des droits féodaux que le commandeur prélevait, en dehors de cette albergue et autres dépenses ordinaires, elle était assujettie à une quantité
de taxes plus ou moins onéreuses. « Le quinzième
« siècle avait apporté au sort des populations dé-
« pendantes une nouvelle aggravation : l'usage
« des impôts ou tailles royales. Inconnues, impos-
« sibles même, tant que les hommes de *poote*[2]
« appartenaient à leurs maîtres et que nulle autre
« puissance n'avait aucun droit sur eux, ces tailles
« levées par le roi sur les paysans devenus libres
« ne cesseront de se multiplier. Au dix-septième,
« au dix-huitième siècle, le logement des troupes
« royales constituera une nouvelle obligation très
« onéreuse pour les paysans. Et ces charges publi-
« ques, ne l'oublions pas, s'ajoutent à ces rede-
« vances dont nous avons vu le taux s'augmenter
« au treizième siècle, en sorte que le degré d'ai-

---

1. Caignac, archives communales. Délibérations annexées au livre
terrier.

2. Poote, — sub *potestate* domini, les serfs au pouvoir de leurs seigneurs.

« sance des cultivateurs paraît être en raison in-
« verse de leur degré de liberté civile[1]. »

Au dix-septième siècle, le total des taxes royales perçues sur la communauté de Caignac s'élevait à plus de 1,700 livres, une grosse somme pour l'époque. Ce chiffre, d'ailleurs, au lieu de diminuer, ira toujours croissant jusqu'à la Révolution. En l'année 1769, il aura plus que doublé, et sans compter les dépenses ordinaires, il atteindra alors 3,415 livres 16 sols ; dans ce chiffre, il est vrai, les appointements de *nos seigneurs des Etats* comptent à eux seuls pour 2,520 livres 3 sols 1 denier ; en 1644, ils ne comptaient que pour environ 900 livres. C'était une progression de charges écrasante et abusive.

Voici, à titre de renseignements, les dépenses extraordinaires de la communauté, telles qu'elles nous sont fournies par la délibération du 17 avril 1644.

Sera imposée :

Pour les deniers de l'espargne,
la somme de....................... 575 l. 9 s.
Pour le tailhon et augmenta-
tion d'iceluy....................... 85 l. 11 s. 9 d.

1. Garreau, *op. cit.*, p. 343.

Pour la gratification de MM. les gouverneurs, lieutenants généraux, debtes et afaires de lad. province...................... 312 l. 2 s. 9 d.

Pour les frais desd. estats et assiette...................... 97 l. 6 s. 2 d.

Pour la subsistance et entretien desdits gouverneurs, etc., pendant le quartier d'hiver..... 585 l. 15 s. 10 d.

Pour les frais de l'estape..... 49 l. 9 s. 9 d.

Pour le port de la présente commission et droit de quittance. 2 l. 8 d.

Pour les garnisons.......... 49 l. 16 d.

« Toutes lesquelles sommes il est mandé aux
« dits consuls d'avoir impozer et despartir sur les
« manans, bientenans et contribuables aux tailhes
« dudict consulat le plus justement et esgallement
« que fère se pourra, heu esgard à leurs biens
« immeubles, terres, possessions, meubles lucra
« tifs et industries cottizables, dont sera faict un
« rolle en bonne et due forme. »

Cette même année 1644, la communauté avait été injustement taxée de « certain prettandu droit « d'amortissement à la somme de 218 livres « 17 sols », et un habitant de Caignac venait d'être emprisonné, bien que le seigneur commandeur

fût « seigneur espirituel et temporel, ayant la
« justice haulte, moyenne et basse. » Les consuls
chargèrent un « praticien » (médecin) du Payra de
se transporter « par-devant le sieur de Baltazar,
« intendant de la justice et polisse du present pays
« de Languedoc, et lui affirmer sur les saints
« Evangiles de Notre Seigneur que la commu-
« nauté ne possède aucun bien sujet au droit
« d'amortissement, que les biens nobles et droits
« seigneuriaux subjets au droit d'amortissement
« sont possédés par noble Louys de Terssac-Mont-
« berault, seigneur dudict Caignac, justissier
« hault, moyen et bas, et par le seigneur baron de
« Sᵗ Michel de Lanès et le seigneur baron de Mar-
« quein, suppliant très humblement ledict sieur
« de Baltazar voulloir adjouster foy à la presente
« déclaration comme estant faicte en vérité[1]. »

Nos consuls savaient donc faire entendre la voix
de la justice, quand c'était nécessaire, et ils montraient ordinairement une grande fidélité aux
devoirs de leur charge. En 1742, Jean Serres,
Jean Reynis et Guillaume Jalabert se préoccupent
de procurer au curé de l'endroit une maison *très*

---

1. Des lettres d'amortissement furent concédées à la communauté de
Caignac en 1688 par le roi Louis XIV. Elles sont datées de Fontainebleau
et furent enregistrées le 27 septembre 1690. (Archives du Parlement de
Toulouse. Lettres d'amortissement, Mirepoix, registre nº 4, 4 D.)

décente et prient l'intendant général du Languedoc d'accepter celle qui a été donnée par le commandeur.

En 1768 et 1773, étant premiers consuls Paul
Clauzel et Jean Tardieu, le corps consulaire son-
geait sérieusement aux réparations urgentes que
réclamait l'église. A cette dernière date, en 1773,
le commandeur de Galéan-Gadagne avait adressé
une sommation aux consuls d'avoir à fermer par
une balustrade les fonts baptismaux, à faire carre-
ler la partie de l'église qui ne l'était pas et à faire
rejointoyer les marches du degré qui descendait
à l'église.

En 1769, les soucis des consuls n'étaient plus
aussi élevés. Ils reconnaissent en séance publique
à M. Marquié-Cussol le droit de prendre le pain
bénit et l'offrande immédiatement après le commandeur, quand il est sur les lieux, et le premier
avant le juge, procureur juridictionnel et officiers
municipaux, lorsque le commandeur est absent.

En 1770 nous lisons les plaintes et les protestations des consuls contre l'augmentation excessive
de l'impôt de la capitation, depuis surtout que les
gros bientenants de l'endroit, les de Rouville, de
Cantalauze, du Périer, de Nougarède se sont
transportés à Toulouse et n'habitent plus le territoire de la communauté.

Déjà l'année précédente, le roi de France, ému par la misère qui dévastait les campagnes, avait cru y remédier en ordonnant et en encourageant le défrichement des terres incultes. Cette mesure devait procurer aux populations agricoles, avec de nouveaux champs d'exploitation, de nouveaux revenus et un peu de bien-être. Quelques gros propriétaires entrèrent dans ces vues et en particulier Jean-Baptiste Marquié-Cussol, écuyer, conseiller du roi, capitaine et bailli d'épée de la ville de Mazères en Foix (*délibérations de 1770*).

Mais le mal était trop violent et le mécontentement trop profond pour être arrêté et conjuré par des expédients aussi puérils. Le besoin impérieux se faisait sentir d'une transformation générale et complète, et les esprits les plus optimistes avaient comme le pressentiment de l'affreuse tempête qui allait bouleverser tout ce vieil ordre de choses qui chancelait, et ils essayaient, bien vainement, de se prémunir contre cette tempête.

En 1787, le procureur fondé de Mgr de Jarente-la-Bruyère[1], commandeur et seigneur de Caignac, faisait savoir aux consuls Guillaume Saffon, Barthé-

---

1. Petit-fils de noble Jean de Marguerit, seigneur de Saint-Michel, ancien capitoul de Toulouse, par le mariage d'Anne de Marguerit avec Antoine Baltazar de Jarente, seigneur de la Bruyère-Carry, d'une vieille famille provençale (2 nov. 1740). Registre de Caignac, état civil.

lemy Bélinguier et Jean Pagès, que le commandeur
voulait faire renouveler la reconnaissance de tous
ses droits seigneuriaux et autres, et leur demandait
de nommer à cet effet « des indicateurs pour don-
« ner à l'arpenteur toutes les montres et indica-
« tions nécessaires ». « En conséquence, et trente
« août de l'année suivante (1788), pour témoigner
« au dit seigneur du désir qu'a la communauté
« qu'il jouisse de tous ses droits généraux connus
« et inconnus, elle a, d'une voix unanime, nommé
« et nomme Messire du Périer, seigneur de Mones-
« trol, bientenant, Jean-Pierre Bonis et Georges
« Reynis, à l'effet de se présenter et de comparaî-
« tre par devant le dict seigneur commandeur ou
« procureur par lui spécialement fondé à l'effet de,
« pour et au nom de la dite communauté, lui con-
« sentir nouvelle reconnaissance des droits géné-
« raux qu'il a droit de prendre, conformément aux
« bons et valables titres qui leur seront représen-
« tés, et à icelui prêter serment de fidélité, et de
« tout lui en donner acte s'il le requiert »[1].

C'était le dernier témoignage de respect et de
dévouement, hélas! bien inutile que les consuls et
communauté de Caignac accordèrent à leur seigneur. Les mêmes Jean-Pierre Bonis, avocat au

---

1. Caignac, arch. communales, délibérations.

Parlement, et Georges Reynis, furent, en l'année 1789, chargés par ces mêmes consuls et habitants de Caignac de porter les cahiers de doléances de la dite communauté à l'assemblée générale des trois ordres de la sénéchaussée de Lauragais, à Castelnaudary, et comme tels, ils prirent part à l'élection des députés du tiers-état aux Etats généraux.

Leur mission dura quatorze jours. Les registres de la communauté nous ont conservé la note de leurs dépenses quotidiennes, et certes ce ne fut pas gratuitement qu'ils remplirent cette honoràble fonction [1].

Ce fut le dernier acte important des consuls de Caignac. Le consulat, cette antique institution politique, allait disparaître, et avec lui, allait disparaître en même temps, emportés par la Révolution, et cette monarchie quatorze fois séculaire qui avait fait la France une à l'intérieur et forte dans le monde, et cet Ordre de Malte, aussi illustre que puissant et qui n'avait eu qu'un tort : celui d'oublier ses nobles origines et sa fière indépendance pour devenir le trop humble serviteur de la monarchie.

1. Caignac, arch. communales, registre des délibérations.

PIÈCES JUSTIFICATIVES

I.

GUILABERT DE LAURAC ET D'AUTRES SEIGNEURS DONNENT CAIGNAC A L'ORDRE DE SAINT-JEAN (1130 à 1140).

Archives départementales de la Haute-Garonne, fonds de l'ordre de Malte. Caignac, l. 1 (*cette pièce n'est pas numérotée*)[1].

In Dei nomine. Gilabertus de Laurag, uxor sua Nava et filii sui, Gilabertus et Sicardus et Gausbertus et Ugo donant illum honorem quem vocant Acaniag, Ecclesiam et similiter La Salvetad infra cruces, sic faciunt donationem et guirpicionem, sine ulla retinentia, Domino Deo et Sancto Hospitali Iherusalem, in manu Ramundi de la Brogera et Isarno de Pugsura, pro remissione omnium peccatorum suorum, in tali ratione et in tali solutione ut habitatores illius Salvitatis haberent libertatem ut non darent civatam, nec paleam, nec ova, nec caseum, nec boves, nec asinos, nec aliquid de substancia eorum inferre, nec ire ad castrum fodere, nec boves ducere a careg, neque caulos, neque porros, et ut essent amparatores et defensores hominibus illius villæ.

Petrus vero Ramundus de Goirovilla et uxor sua et

1. Les pièces justificatives no 1 et no 2 ne sont pas inédites. Du Bourg les a publiées dans son *Histoire du grand prieuré de Toulouse*, mais elles y sont abrégées. Nous en donnons ici le texte complet et soigneusement collationné sur les pièces originales.

infantes sui ipsam hereditatem et ipsam partem quam habent in ecclesia suprascripta, in decimis et in primitiis, et in oblationibus, et in cimintario, et in ecclesiasticis, donat Deo et sancto Hospitali Iherusalem et habitatoribus ipsius, in manu Isarni de Pugsura et fratribus presentibus et futuris, sine ulla retinencia, pro redemptione animæ suæ et remissione omñium peccatorum suorum : In alio vero honore qui est infra cruces donavit ad allod duas pessas de terra, una contra meridiem et alteram contra aquilonem, et omne quod est heremum, in ipsa Salvitate, sicut ipse demonstravit supradictus Petrus ; et in toto alio honore, l'agrer et in unoquoque casale, IIII denarios et unum sestarium de civada et unum prandium pro duobus militibus et duobus clericis, et justicias et fabricas villæ et furnos et pastorices et aquas et herbas et sylvas et las intradas et las issidas et donationem casalium ubicumque voluerit Ysarnus.

et Poncius Magfredus, in ipsa racione sic fecit. Petrus Ramundus avunculus suus ita donat et facit guirpicionem ut sit alod Domino Deo et pauperibus Hospitalis Iherusalem. Et si petrus Ramundus et aliqua persona pro ipso hanc donationem irrumpere voluerit, Poncius Magfred faciat tenere et sit legalis guarens Isarno et habitatoribus futuris. Similiter Petrus Ramundus, si Poncius Magfredus irrumpere voluerit hanc donationem debet esse legalis guarens habitatoribus suprascriptis.

Per ipsam convenientiam qua donavit Poncius Magfredus, per ipsam convenientiam donat Guillelmus Bertrandus de Gibel. Videntes sunt Ramundus de SSem. Lom, et filius suus Guilelmus et ipse Guilelmus Bertrandus, et Poncius de Tolosa et Ramundus et Petrus Amelii, presbyter, et Raimundus Magfredus de Alta-ripa.

Per ipsam convenientiam qua donavit Petrus Ramundus sic donat ipse Domino Deo et sancto Hospitali de Iherusalem Willelmus Odo de la Lobera et infantes sui et filia Ramundi Magfredi, per ipsam convenientiam donant et faciunt guirpicionem Isarno et sancto Hospitali Iherusalem.

de Guilaberto de Laurag et infantibus suis et uxoris suæ, qui hoc donum fecerunt et quibus erat honor suprascriptus, sunt videntes : Bernardus Mir de Laurag et W. Poncii de Turre, et Bertrandus de Bel-pug, et Ramundus de Amancas et W. Bertrandus de Gibel.

Petrus Aldebertus et Raimundus clericus, filius suus et alii filii sui ipsam partem quam habebant in ecclesia de Caniag et ipsam partem quam habebant in suprascripto honore donant et faciunt guirpicionem, sine ulla retinencia, in manu Isarni et aliis fratribus et Domino Deo et sancto Hospitali Iherusalem.

Ramundus Gulielmus et Petrus Stephanus de Caniag, Arnaldus de Caniag, Petrus Ramundus filius Ramundi Aldeberti et fratres sui, et Bernardus Petrus et Poncius Gasc et Petrus God et Ramundus Garaldi et omnes homines ipsius villæ, per ipsam convenientiam suprascriptam, faciunt solutionem et guirpicionem sine ulla retinencia ; et Poncius Faber dimisit fabricam ipsius villæ, donavit seipsum et uxorem suam et filios suos, et illam partem quam habebant in illa terra quæ est justa domum suam sicut via transit usque in rivale ex parte altano.

Guillelmus Bernardus et Arnaldus frater suus similiter donant illam partem quam habent in ipsa terra.

Ramundus de SSem Lom et filius suis W. donant las casaleiras de toto honore quam habent in illa villa et usus in seipsos et in suis hominibus. Raimundus Guilabertus per ipsam convenientiam; Petrus Amelii, presbyter qui tenebat capellaniam, guerpivit illam et donavit seipsum Isarno et aliis fratribus.

Hæc est carta de Caniaco, de principio Salvitatis et de bastimento Castelli.

II.

SICARD DE LAURAC, ses enfants et ses frères,
confirment d'une manière explicite et solennelle
la donation faite par leur père Guilabert a l'Ordre
de Saint-Jean. (1171, 7 septembre.)

Archives départementales de la Haute-Garonne, fonds de l'ordre
de Malte. Caignac, l. 1 (*cette pièce n'est pas numérotée*).

In nomine sanctæ et individuæ Trinitatis. Notum sit
omnibus hominibus tam præsentibus quam futuris quod
ego Sicardus de Lauraco et mei infantes videlicet : Sicardus et Guillelmus-Petrus atque Guilabertus et Ugo Bonafoz, nos insimul bona mente et gratuita voluntate,
recognoscimus et concedimus imprimis Domino Deo et
Beatæ Mariæ Virgini et sancto Iohanni Baptistæ et Hospitali Iherosolimitano et tibi, Geraldo de Sancto Andrea,
priori existenti, quod meus pater Guilabertus de Lauraco
et egomet Sicardus et mei fratres scilicet : Guilabertus
atque Gausbertus et Ugo dedimus et deffinivimus totum
ab integro, sine aliqua reservatione quam ibi non fecimus et guirpivimus Domino Deo et sancto Hospitali de
Iherusalem, totum honorem et jus et dominium quod
habuimus in loco quem vocant Acaniag, et usatica, et
adimpriva, et hoc fecimus ad ibi faciendam Salvitatem,
et pro remissione omnium peccatorum nostrorum et pro

remedio animarum nostrarum. Nunc vero ego Sicardus de Lauraco et mei filii predicti scilicet : Sicardús atque Guillelmus Petrus et Guilabertus et Ugo Bonafos, nostra spontanea voluntate, volumus et precamur, recognoscimus et concedimus Domino Deo et Sancto Hospitali de Iherusalem et tibi Geraldo de Sancto Andrea priori existenti et ejusdem Hospitalis de Caniaco omnibus habitantibus tam præsentibus quam futuris, quod in villa prædicta de Caniaco seu in villare, quo vobis loco in vestro alode magis placuerit, castellum ibi pro vestro dominio et forcias faciatis, liberum, et absolutum et sepparatum ab omni nostra dominatione et ab omnibus aliis hominibus, et ut vos villanos, mercatores et clericos quoscumque poteritis ibi collocetis, qui vobis et predicto Hospitali census et usatica et adempriva et oblias per unumquemque annum faciant et reddant.

Insuper hæc omnia recognoscimus et concedimus vos ibi habere furnos et fabricam et custodiam pastorum, cum mercede sic debita, et ut vos ullos raptores sive latrones et adhuc guerreatores ibi scienter recipere non debeatis; quoscumque vero recognoscere poteritis, cito vos et habitatores illius castelli, sive nocte sive in die istud evenerit, vestro bono jure, si poteritis, foras ejiciatis.

Hæc omnia prædicta, ut ita fiant et serventur, in omnibus et per omnia, sie volumus et precamur et si opus auxilii fuerit, in hoc et in aliis necessitatibus, promittimus et convenimus et damus nos mandatores Domino Deo et sancto Hospitali de Iherusalem, quod nos ibi cum omni nostro potentatu succuramus Hospitali prædicto et habitantibus castelli.

Si vero homines in hoc castello manentes Ramundi Matfredi de Calvo-Monte et ejus fratrum, sive etiam infra

cruces habitantes, et etiam homines Emersendæ de Sancto
Michaele et Ysarni Adhemarii et homines filiorum Guil-
lelmi Bertrandi de Gibello servicia debita Dominis suis
facere noluerint, Domini non constringant eos, sed adeant
Priorem Hospitalis tunc existentis, si præsens ibi fuerit,
et spectent eum per viii dies, et si interdum non venerit,
dicant prius ea ministro domus Hospitalis, et ipse minis-
ter et habitantes cogant eos ut reddant debita servicia
illius anni dominis suis, et de illa die maneant, donec
sint acordantes dominis suis, homines illi non possint
laborare de castello illos honores quos tenuerunt à dominis suis, sive sint infra cruces, sive non; et ut in omnibus
habitantibus castelli, et infra cruces manentibus, habeatis
fiducias et justicias a nobis constitutas super eos qui
inculpati fuerint, et similiter recognoscimus vobis paschua
et adimpriva in nostris nemoribus et in silvis et in guar-
ricis, et egressus et regressus, et fontes et aquas et aqua-
toria; et ut si guerram habuerimus cum aliquo, non
possimus inde facere guerram, nec movere ad guerram
neque de guerra ibi reddire.

Hæc omnia sicut superius dicta et recognita sunt, ego
Sicardus de Lauraco et mei filii, Sicardus et Guillelmus
Petrus et Guilabertus et Ugo Bonafos, servabimus et
tenebimus prout melius poterimus; et ut firmius et stabilius sit in perpetuum, juramus Domino Deo et sancto
Hospitali de Iherusalem super hæc sancta quatuor Evangelia, et tibi Geraldo priori existenti.

Et ego Ramundus Matfredus de Calvo-Monte et mei
fratres scilicet : Bernardus Ato et Guillelmus Petrus, nos
bona mente, recognoscimus et concedimus Domino Deo et
sancto Hospitali de Iherusalem, et tibi Geraldo de S^{to} Andrea, priori existenti, illam donationem quam pater

noster Petrus Ramundi de Goirovilla fecit Hospitali predicto, scilicet : de omni honore et jure et dominio quod
habebat et sicut melius tenebat infra cruces, et nos volumus et precamur et recognoscimus et concedimus Domino
Deo et sancto Hospitali de Iherusalem et tibi Geraldo de
S^{to} Andrea, priori existenti, et omnibus Hospital de Caniaco habitantibus, tan præsentibus quam futuris, quod
in villa de Caniaco prædicta seu in villare, quo vobis loco
in vestro alode magis placuerit, castellum ibi et forcias
pro vestro dominio faciatis, liberum et absolutum et
sepparatum ab omni nostra dominatione et ab omnibus
aliis hominibus et omnia sicut superius dicta sunt et
confirmata sacramento a Sicardo de Lauraco et ab ejus
filiis prænominatis, ita juramus Domino Deo et sancto
Hospitali de Iherusalem et tibi, Geraldo de S^{to} Andrea
priori existenti, nos tenere et servare omni tempore.

Et ego Emersendis de Sancto Michaele, et Isarnus
Ademarius meus gener, nos, similiter recognoscimus
Domino Deo et sancto Hospitali Iherusalem et tibi Geraldo
de S^{to} Andrea, priori existenti, illam donationem quam
meus avunculus Poncius Matfredi fecit Domino Deo et
sancto Hospitali de Iherusalem de omni honore et jure
et dominio, sicut infra cruces melius habebat et tenebat,
et volumus et precamur et recognoscimus et concedimus
Domino Deo et Sancto Hospitali de Iherusalem et tibi
Geralda de sancto Andrea priori existenti et omnibus
hospital de Caniaco habitantibus tam præsentibus quam
futuris, quod in villa de Caniaco seu in villare, quo vobis
loco in vestro alode magis placuerit, castellum ibi et forcias pro vestro dominio faciatis, liberum et absolutum et
sepparatum ab omni nostra dominatione et ab omnibus
aliis hominibus; et omnia sicut superius dicta sunt et

confirmata sacramento à Sicardo de Lauraco et ab ejus filiis prænominatis, ita juramus Domino Deo et sancto Hospitali de Iherusalem et tibi, Geraldo de S^{to} Andrea priori existenti, nos tenere et servare omni tempore.

Et ego Ramunda et meus vir d. Gullelmi de Luperia et mei filii, scilicet Aelricus et W. Odo et d. W. et Bertrandus, nos similiter recognoscimus Domino Deo et sancto Hospitali de Iherusalem et tibi G. de S^{to} Andrea priori existenti et omnibus Hospital de Caniaco habitantibus, illam donationem quam meus pater R. Matfredi et ego Ramunda et meus maritus prædictus fecimus Deo et Sancto Hospitali Iherusalem de omni honore et jure et dominio, sicut melius habuimus et tenuimus ibi infra cruces. Nunc vero recognoscimus et concedimus Domino Deo et sancto Hospitali de Iherusalem et tibi G. de S^{to} Andrea, priori existenti, et omnibus Hospital de Caniaco habitantibus tam præsentibus quam futuris, quod in villa de Caniaco seu in villare, quo vobis loco in vestro alode magis placuerit, castellum ibi et forcias pro vestro dominio faciatis, liberum et absolutum et separatum ab omni nostra dominatione et ab omnibus aliis hominibus; et omnia sicut superius dicta sunt et confirmata sacramento à Sicardo de Lauraco et ab ejus filiis prænominatis, ita juramus Domino Deo et sancto Hospitali de Iherusalem, et tibi G. de S^{to} Andrea, priori existenti, nos tenere et servare omni tempore.

Hujus tocius rei ut superius scriptæ sunt testes : Arnaldus de Varanano et Ramundus Ugo, et D. de Villafaulenc et W. de Pino et Bernardus capellanus de Arsaco, et P. de Altaripa, qui hanc cartam precibus predictorum scripsit. Mense Septembris, feria VII, anno ab incamatione Christi MCLXXI. Regnante rege Lodoico apud Francos.

III.

RAYMOND GONTARD DONNE SES BIENS A L'HÔPITAL DE CAIGNAC ET EST REÇU COMME DONAT PAR LE COMMANDEUR ALBERT DE ROSSET (1271, mars).

Archives départementales de la Haute-Garonne, fonds de Malte, Caignac, l. 1, n° 97.

In Dei nomine. Anno millesimo ducentesimo septuagesimo primo ab Incarnacione ejusdem.

Noverint universi præsentes pariter et futuri quod ego Raimundus Gontardi de Caniaco, sponte et bono animo absque omni vi et metu, et deceptione aliqua ad hoc inductus, dono meipsum : videlicet meum corpus et meam animam atque omnia mea bona mobilia et immobilia præsentia et futura, quocumque et ubicumque sint, longe aut prope, Domino Deo patri omnipotenti et gloriosæ virgini Mariæ ejus matri et Beato Johanni et domui Hospitalis Iherusalem de Caniaco et vobis fratri Alberto de Rosseto præceptori dictæ domus et vestris successoribus et universis dictæ domus fratribus præsentibus et futuris, bona et pura donatione inter vivos, propter multa bona et utilia servicia quæ de dicto Hospitali recolo, de bono in melius, in negociis meis me pluries recepisse, et promitto vobis domino præceptori prædicto quod ego mulieri aut domui religionis meum corpus nec meam animam nec mea bona predicta olim non dedi nec aliud feci pactum per quod aliquid prædictorum bonorum possit ullo tempore revocari.

Promitto vobis quod, ad admonitionem vestri et successorum vestrorum, accipiam habitum Hospitalis prædicti promittendo nihilominus mei majoris in dicto Hospitali secundum posse meum me semper obedire mandatis, et utilia dicti Hospitalis provocare atque ejusdem Hospitalis inutilia evitare; prædicta vero universa et singula prout superius scripta sunt et ut melius dici seu intelligi possunt, ad utilitatem Hospitalis prædicti me semper observare et nunquam convenire aliqua ratione, nec fecisse nec de cetero facere posse aliquid quo minus prædicta aut aliquid predictorum valeant. Super sancta Dei quatuor Evangelia a me gratis tacta corporaliter, vobis juro et promitto, rogando vos Dominum præceptorem predictum, flectis genibus meisque manibus junctis positis inter vestras, quatenus vos, nomine dicti Hospitalis, me in donatum cum omnibus meis bonis recipiatis.

Et ego frater Albertus de Rosseto, prædictus præceptor dictæ domus, de consilio fratris R. Fabri et fratris R. Augerii capellani de Caniaco et fratris P. de Ar, et fratres Johannis de Antioca, qui erant ibi presentes et hæc omnia ita fieri voluerunt et concesserunt, dictas preces attendens fore justas, accipio te, Raimundum Gontardi predictum, cum omnibus bonis predictis, in donatum, nomine Hospitalis predicti, promittendo tibi pro me et omnibus successoribus meis panem et aquam dicti Hospitalis et pannos humiles, et ad tui admonitionem et requisitionem, per te, modo debito faciendam, dare habitum Hospitalis.

Actum die v° a fine mensis Marcii, regnante Filipo

rege Francorum, Alfonso comite, Bertrando episcopo Tholosano. Hujus rei sunt testes R. de Sent Lo et Guillelmus de Marconio, de Caniaco, et Poncius Aygra juvenis et B^us de Monte-Ferrando de Monte-Auriollo et Ramundus de Sancto-Martino, notarius publicus Sancti-Michaelis de Lanesio qui istud instrumentum scripsit et hoc signum apposuit.

IV.

Collation de la rectorerie de Caignac a frère Jean Cavalier, de l'ordre de Saint-Jean (1496, 3 juin).

Archives départementales de la Haute-Garonne, fonds de l'ordre de Malte. Caignac, l. 24, no 7.

Frater Johannes de Rolhac, miles sacræ domus Hospitalis Sancti Johannis Hierosolymitani, preceptoris de Renebilla procurator, et locum tenens reverendi domini fratris Johannis de Ranguis etiam militis, prioratus Tholosæ humilis Prioris, Capitulum provincialem dicti prioratus Tholosani in Domino celebrantis, religioso viro nobilissimo et in Christo carissimo fratri Johanni Cavalié, ordinis nostri, salus et gaudium in Domino Jesu sempiternum.

Carissime, propter susceptum de vobis testimonium, menti et cordi tenemus quod in commisso vobis regimine sancto et orthodoxo vos habebitis, ita ut oves vobis commissæ ad gregem pervenire poterint eternum; cum ita parochialis ecclesia Sancti Stephani de Caniaco, diœcesis Mirapisciencis, a præceptoria de Caniaco deppendens, ad presens vacans per decessum fratris Guyberti Flotac, ultimi ejusdem rectoris, possessoris per venerabilem et religiosum virum fratrem Johannem de Rocalaura, ejusdem preceptoriæ de Caniaco preceptoris;

Cum collatio, provisio et omnis alia dispositio illius occurrentis vacationis pleno jure pertinet et spectat vobis tanquam bene merito, die datæ præsentium, in nostro provinciali capitulo in castro de Frontonio celebrato, nobis et aliis infrascriptis dominis præceptoribus præsentibus, data et collata fuerit cum jure, del verraly (barraly) ipsius parochialis ecclesiæ necnon cum pensione septem francorum regni pro vestiario, sex cestarios bladi frumenti, mensuræ dicti loci, et trium barricarum vini rubri boni et sinceri, vobis per dictum preceptorem de Caniaco et ejus successores, singulis annis, in et super fructibus jam dicti præceptoris de Caniaco resolvendis; quas donationes et collationem ad juris vestri impugnationem et solito more nostræ religionis per vos et dictum prioralem capitulum confirmari et approbari instantes postulaveritis.

Igitur easdem donationes et collationem supradictæ Rectoriæ de Caniaco vobis, ut permittitur per antedictum preceptorem, factas in curia generali, gratia antedicti provincialis capituli, approbamus et ractifficamus et confirmamus, ratas et gratas habuimus et habemus præsentium tenore, et de novo, quathenus opus est et necesse, auctoritate a nobis prædicta, conferimus et donamus et de eadem vobis providimus et providemus per presentes, cum dicto jure del verraly, septem franceis regis, sex cestariis bladi frumenti, et tribus barriquis vini rubri, pro vestra pensione, quam vobis, singulis annis, per dictum preceptorem et ejus successores persolvi volumus et jubemus; mandantes et committentes, in virtute sanctæ obedientiæ, omnibus fratribus dicti prioratus Tholosani et eorum militibus, quathenus vos vel procuratorem vestrum legitimum loco vestri, in possessionem realem et corporalem dictæ rectoriæ de Caniaco juriumque et pertinenciarum suarum ponant, ut judicant et judicabunt deffendant, amoto ab judice nostro alio illicito detentore quem nos per presentes denuntiamus amotum; in quorum promissorum fidem et testimonium presentes licteras per secretarium dicti capituli infrascriptum fieri, sigilloque dicti capituli provincialis sigillari jussimus, de voluntate pariter et assensu nobilium, venerabiliumque et religiosorum virorum fratrum Johannis de Leonsel, de Condato, Oddeti des Gangis, del Burgau, Guill. Seytres, del Port, Bernardi des Parinis, de Reyssac, militum; Gaillardi Ferrani, de Montogio, Dominici J'runeti, de Maloborgueto, Petri Bodas, de la Magdalena, Bernardi Lacosta, de Podio Martini, preceptoriarum procuratorum, et plurimorum aliorum preceptorum et fratrum, nobiscum in celebratione dicti provicialis capituli assistentium et promissa laudantium et approbantium.

Actum et datum in domo de Frontonio, dicto capitulo durante, die tertia mensis Junii, anno Domini millesimo quadringentesimo nonagesimo sexto.

De dictorum dominorum locum tenentium et capituli } mandato.

RONDELLI, *Not. Cap^u*.

V.

RAYMOND GRONHAN et PONS MARTIN reconnaissent devoir le droit d'albergue au frère Azémar de
Miramont, commandeur de Caignac (1262, 15 janvier).

Archives départementales de la Haute-Garonne, fonds de l'ordre
de Malte. Caignac, l. 20, n° 3.

In Dei nomine. Anno M.CC.LXII, ab incarnatione ejus
dem. Noverint universi præsentes pariter et futuri quod
Ramundus Gronhani et filii ejus scilicet, Germanus et
Ramundus, et Poncius Martini, manentes apud Arzilers,
non coacti neque ulla vi ad hoc inducti, sed gratis atque
animo diligenti, recognoverunt et concesserunt domui
Hospitalis *Ihlem* de Caniaco et fratri Azemario de Miro-
monte, tunc temporis dicti Hospitalis preceptori et universis fratribus præsentibus et futuris ejusdem domus,
quod quidquid ipsi tenebant vel possidebant, sive tenere
vel possidere debebant in decimario Beati Juliani, sive
sint terræ cultæ vel incultæ, prata vel nemora, bartæ
vel pascua, fontes vel aquæ, maleoli vel vineæ, cum ter-
ris in quibus sunt totum, uti superius est expressum.

Ramundus Gronhani cum filiis suis et Poncius Martini prædicti recognoverunt se et predecessores eorum,
longo tempore, tenuisse, nomine casalagii, a dicto Hospitali, et quod adhuc ipsi tenebant illud casalagium,

eodem modo similiter, et quod ratione illius casalagii supradicti, quod casalagium vocatur casalagium *dels Arzilers*, prædicti homines tenentes dictum casalagium debent facere albergium annuatum præceptori dicti Hospitalis et universis fratribus et sororibus ejusdem Hospitalis et omnibus hominibus et feminabus *donatis* prædicti Hospitalis et omnibus nunciis atque clientibus et canibus ejusdem hospitalis et omnibus generaliter hominibus et feminabus in dicto vel de dicto Hospitali cotidie habentibus suum victum.

Et recognoverunt prædicti homines tenentes dictum casalagium quod dictus præceptor, quando ibit apud *Arzilers*, causa recipiendi dictum albergium, si in via invenerit aliquos homines, quod possit eos, si voluerit, invitare et ducere eos secum usque ad illum locum, ubi ratione dicti albergii, comestio fuerit apparata, et dicti homines tenentes dictum casalagium recognoverunt se debere dare ipsis invitatis satis ad comedendum et potandum (sicut et) fratribus ibi comedentibus.

Item fuit ibi recognitum et concessum ab hominibus supradictis dictum casalagium tenentibus, quod illa die qua dicto præceptori placuerit, inter festum Nativitatis Domini et Dominicam *Carniprivii*, debet ab ipsis fieri dictum albergium, et quod, in vesperis, eodem die, post comestionem Noctis, dicti homines debent dare dicto præceptori, antequam ipse præceptor surget a mensa, VIII solidos. Tol. pro avena, et postea quando totum hoc, uti superius scriptum est, completum fuerit, dictus pæceptor, cum omnibus hominibus qui secum ibi erint, debet ab illo loco incontinenter recedere sine mora; Nisi de voluntate dictorum hominum dictum casalagium tenentium remaneret.

Hoc actum est xv die a principio mensis Januarii, regnante Lodovico rege Francorum, et Alfonso Tholose comite et R. episcopo Tholosano. Hujus rei sunt testes frater Bernardus Amelii, capellanus de Caniaco, et frater Geraldus de Monte-Totino, et frater Raimundus Faber, et Guillelmus Bertrandi de Monte-Esquivio, miles, et Bernardus Faber de Caniaco, et Ramundus Ugonis de Alsona, et Bernardus Girberti de Gibello, et Bertrandus de Vilela, et Ramundus de S^{to} Martino, notarius publicus Sancti Michael-de-Lanesio, qui istud instrumentum scripsit, est similiter de toto testis et istud signum apposuit.

VI.

Arrêt du Parlement de Paris, par lequel le commandeur Géraud de Massas est maintenu en la justice
haute, moyenne et basse du lieu de Caignac[1] (1533,
21 mai).

Archives départementales de la Haute-Garonne, fonds de l'Ordre
de Malte. Caignac, l. 22, n° 8.

Franciscus, Dei gratia Francorum Rex. Universis præsentes litteras inspecturis salutem. Notum facimus quod,
cum adversus saisiam et manus misiam super jurisdictione loci et præceptoriæ de Caignac, in comitatu Lauragensi et senescallia Tholose, ad requestam procuratoris
nostri, in dicta senescallia Tholosæ per nonnullos com-
missarios nobis super facto reunionis domanii nostri factas, dilectus noster Geraldus de Massas, ordinis sancti
Johannis Hierosolimitani miles, dicti loci et præceptoriæ
de Caignac præceptor, se opposuisset, et suam requestam nostræ Parlamenti curiæ, ad quam propter hoc per
nostras litteras patentes delegando et committendo, omnes

1. Cette pièce, originale et authentique, porte un énorme cachet
de cire, aux armes de France : l'écu à trois fleurs de lys, deux en
chef, l'autre en pointe, surmonté de la couronne royale, deux
anges comme tenans. Tout autour une inscription incomplète, le
cachet étant brisé en deux endroits. On peut y lire encore : DEI.
GRACIA . FRANCORU . REGIS.

causæ et processus, ratione predictæ dicti domanii nostri reunionis remisse extabant, ad finem sibi manum levatam et plenam deliberantiam de prædicta jurisdictione et justitia dicti loci de Caignac, saltem per provisionem, pendente processu, et donec aliter foret ordinatum, faciendi, porrexisset, et pro per eum ad dictos fines obtinendo, ipse dici et proponi fecisset.

Et jamdictus locus de Caignac, ab omni evo, religioni et ordini Sancti Johannis Hierosolimitani spectaverat et pertinuerat, caputque hujus preceptoriæ predicti ordinis, præceptoria de Caignac nuncupatæ et institulatæ extabat; quibus mediis, predecessores ipsius de Massas, opponentis, dicti loci de Caignac domini, eodem loco, in omni justitia et jurisdictioné alta, media et bassa gavisi fuerant et pro illius exercitio, judices, baiulos....., et alios officiarios habuerant et commiserant;

Actamen dictus procurator noster in dicta senescallia Tholosæ, instigatione quorumdam, predictam jurisdictionem figurative saisire fecerat, cui saisiæ dictus opponeus se opposuerat; super qua oppositione tantum, coram dilectis et fidelibus consiliariis nostris, Thesaurariis Franciæ, et aliis burellum, in civitate Tholosæ, super facto reunionis domanii nostri, tenentibus, processum fuerat, et visis actis exercitii justitiæ et jurisdictionis, per judices et officiarios jamdictæ præceptoriæ, in dicto loco de Caignac et alibi factis, et dicto procuratori nostro, in dicta senescallia Tholosæ communicatis, per eorum sententiam, inter cætera, ipsum opponentem, suas oppositionis causas dicturum, ad dictam curiam nostram remiserant, et, hoc pendente, ipse, prædicta jurisdictione uti et gaudere et illam per suos judices et officiarios exercere facere posset, ordinaverant;

Quod insequendo, dictus opponens, aut ejus procurator, in dicta curia nostra comparuerat, et sexta die hujus mensis, dictam suam requestam, eidem curiæ nostræ, ad finem sibi manum levatam de dicta jurisdictione saisita faciendi, porrexerat;

Ex cujus curiæ nostræ ordinatione, quod illa procuratori nostro generali ostenderetur, dictum fuerat; quaquidem requesta una cum peciis eidem alligatis, visis, ejusque conclusionibus captis per eamdem curiam nostram, prædictus opponens suas oppositionis causas, traderet, ordinatum fuerat;

Quibus oppositionis causis, dictam ordinationem insequendo, traditis, per eas dictus de Massas, opponens, ad finem seu fines cum mediis et causis per eum deductis et alligatis, per dictæ curiæ nostræ arrestum ipsum, ad bonam et justam causam prædictæ saisiæ se opposuisse, hocque medio sibi manum levatam et plenam deliberantiam, de prædicta justitia et jurisdictione saisita, saltem in casu dilationis, processu pendente, et donec aliter foret ordinatum, per provisionem fieri debere, ac per inhibitiones et defensiones jamdicto procuratori nostro, in dicta senescallia Tholosæ, et aliis quibus deceret, ne ipsum opponentem in dictæ jurisdictionis gaudentia et possessione impedirent, fierent, petiisset et requisiisset;

Dictis autem oppositionis causis traditis et dicto procuratori nostro generali, ex dictæ curiæ nostræ ordinatione, communicatis, illisque, una cum peciis per dictum opponentem productis, visis, dictus procurator noster se munivit impedire quominus dicto opponenti per dictam curiam nostram, prout sibi bonum videretur provideri posset declarasset;

Tandem visis per jamdictam curiam nostram, expleto,

dictæ saisiæ causis, opponentis litteris et titulis jamdicti Massas supplicantis; et cæteris per eum in hac parte penes dictam curiam nostram positis et productis, audito super hoc dicto procuratori nostro generali, cum totum communicatum extitit, et quibus consideratis considerandis et quæ eamdem curiam nostram in hac parte movere poterant et debebant;

Præfata curia nostra, per suum arrestum, dilationem memorato procuratori nostro generali, usque ad tres menses, pro eisdem causis oppositionis respondere veniendo, et quidquid sibi bonum videbitur in hac materia dicendo et producendo, concessit et concedit, et nihilominus per provisionem, pendente processu et donec aliter fuerit ordinatum,

Dicta curia nostra, præfato de Massas supplicanti, manum levatam de dictis justitiis et jurisdictionibus saisitis fecit et facit.

Ac quod fructus, reveniti et emolumenta ex eis, post dictam saisiam, capti et percepti, sibi reddentur et restituentur, et ad hoc faciendum, omnes quos decebit omnibus viis et modis debitis et rationabilibus compellentur, ordinavit atque ordinat.

In cujus rei testimonium, nostrum præsentibus litteris jussimus apponi sigillum.

Datum Parisiis, in parlamento nostro, vicesima prima die mensis Maii, anno Domini millesimo quingentesimo tricesimo tertio, ac regni nostri decimo nono.

Per arrestum curiæ.

Locus sigilli.

VII.

LE SEIGNEUR BERNARD DE SAINT - MICHEL ET SA
FEMME AICELINE DONNENT AUX HOSPITALIERS UN
« CASAL » SIS A SAINT-JEAN-DE-CAPRESCORJADE (1165,
avril).

**Archives départementales de la Haute-Garonne, fonds de l'ordre
de Malte. Caprescorjade, l. 1, n° 7.**

In nomine Dei. Notum sit omnibus hominibus quod
ego Bernardus de Sto Michaele, qui fuit dictus Simeon, et
mea uxor Aicelina, nos simul damus Deo et Sancto Johanni
et sanctis pauperibus Hospitalis Ierusalem et fratribus
ipsius domus præsentibus et futuris et G. Cornelio, ma-
gistro Tolosœ et Guasconiæ; videlicet illud casale, quos
fuit Amelii Sancti Johanis de Capra-Scoriata, cum omnibus suis tenenciis, homines et feminas, terras, vineas
cultas et incultas, arbores, prata et omnia pertinentia ad
supradictum casale.

Hoc damus totum sine inganno et sine omnimoda retinencia, sicut superius scriptum est.

Hujus rei sunt testes B. de Sto Michaele, abbas Sorezi-
nensis, et Petrus d'Astugua, et Sicardus de Lauracho, et
Poncius de Lator, et Isarnus de Villanova, et Arnaldus de
Varanano et Guillelmus et Bertrandus fratres ejus et
R. d'Avellus et Fortanerius.

Facta est ista carta in mense Aprilis feria VI. L. XXIIII, anno ab Incarnacione Domini MCLXV. Regnante Lodovico rege et R. Sancti Egidii, comite Tolosano, et G. episcopo. R. de Valle scripsit hanc cartam, præcepto Bernardi Santi Michaelis et uxoris suæ Aicelinæ.

VIII.

BERNARD D'ISSUS ET SON FRÈRE GRIMAUD VENDENT AU PRÉCEPTEUR DE CAIGNAC, BERNARD AMIEL, TOUS LES BIENS ET DROITS QU'ILS POSSÉDAIENT A CAIGNAC ET A SAINT-JEAN-DE-CAPRESCORJADE (1230, mai).

Archives départementales de la Haute-Garonne, fonds de l'ordre de Malte. Caprescorjade, l. 1, nº 8.

Notum sit omnibus hominibus tam præsentibus quam futuris, hanc præsentem paginam legentibus vel audientibus, quod ego Bernardus de Issuscio et Grimaudus, ejus frater, nostra bona propria ac spontanea voluntate, et sine vi et non decepti, damus et solvimus et relinquimus, et cum titulo perfectæ venditionis tradimus, per xxx sol. tolosanos, de quibus tenemus... Domino Sancio Espasæ, priori domus Hospitalis Jerusalem Tolosæ et Domino Bernardo Amelio præceptoris domus Hospitalis Jerusalem de Caniaco et omnibus habitatoribus prædictæ domus tam præsentibus quam futuris, omne hoc quod habemus vel possidemus, vel habere et possidere debemus, aliquo jure vel aliqua ratione, in villa de Caniaco vel in alodio vel terratorio vel decimario Sancti Stephani de Caniaco, vel in alodio vel terratorio vel decimario Sancti Johannis de Capra-Scoriata, homines et feminas cum eorum tenenciis, terras cultas et incultas, adempriva et donationes : scilicet : tertiam partem Ramundi Olerii et totius progeniei quæ ex eo orta est vel oritura est, et terciam partem totius suæ hereditatis, et tertiam partem Petri Amelii et Ramundi Amelii, et Alasaiciæ, sororis eorum et totius progeniei quæ ex eis orta est vel oritura est, et tertiam partem eorum hereditatis tocius, et tertiam partem Petri Bruni et omnis progeniei quæ ex eo orta est vel oritura est, si in villa de Caniaco permanere noluerit; et damus similiter totum hoc quod habemus vel habere debemus in Audiarda, sorore Petri Amelii et in omni progenie quæ ex ea orta est vel oritura est; et si aliquod habemus vel possidemus vel habere et possidere debemus aliquo jure vel aliqua ratione in predictis locis, totum illud damus et relinquimus habitatoribus domus Ospitalis Jerusalem de Caniaco pro omni eorum voluntate inde facienda.

Et si predicta venditio valet vel valebit majus de predicto pretio, totum illud plus damus habitatoribus domus Hospitalis Jerusalem de Caniaco, et cum hac præsente pagina exuimus nos de predicta venditione, et induimus et mittimus in possessione tocius predictæ venditionis dominum Sancium Espasam priorem domus Ospitalis Jerusalem Tolosæ et dominum Bernardum Amelium præceptorem domus Ospitalis Jerusalem de Caniaco et omnes habitatores domus Ospitalis Jerusalem de Caniaco, tam presentes quam futuros, pro omni eorum voluntate inde facienda; et mandamus ut contra hanc presentem paginam ullo tempore non veniamus.

Si vero aliqua persona, pro nobis interposita, contra hanc præsentem paginam venire attentaverit, removemus ab ea omne auxilium juris et consuetudinis, quod ei prodesse non possit, et habitatoribus domus Ospitalis

Jerusalem de Caniaco, tempore aliquo, nocere non possit.

Item ego, Bernardus de Issuscio et ego Grimaudus ejus frater, mandamus habitatoribus domus Hospitalis Jerusalem de Caniaco tam præsentibus quam futuris, bonam ac firmam guirentiam de prædicto dono et venditione de omnibus amparatoribus.

Item ego Bernardus de Issuscio et ego Grimaudus ejus frater, recognoscimus, et concedimus, et est verum, quod Ramundus Olerii et omnis sua tenencia non debebat aliquid nobis facere pro servicio nec pro aliqua re nisi tantum xii sol. tols, et Petrus Amelius cum omnibus suis fratribus et sororibus, pro se ipsis et pro Johanni Amelio eorum patruo, non debebat facere pro servicio nec pro aliqua re nisi tantum v. sol. tols.

Hoc fuit ita positum viiii die ad exitium mensis Madii, regnante Lodovico rege Francorum et Ramundo Tolosæ comite, et Fulcone episcopo, anno ab Incarnacione Domini MCCXXX.

Hujus rei testes sunt f^r Poncius et f^r Willelm. Vital et Ramonassa, et Bernardus Faber de Caniaco et Arnaldus Aldebertus et Ramundus Aldebertus et Ramundus Olerius et Ramundus Amelius et Willelm. Ramundus est de toto testis et cartam hanc scripsit.

APPENDICES

APPENDICE I.

L'ÉGLISE ET LE DÎMAIRE DE SAINT-JEAN-DE-CAPRESCORJADE.

A l'est de Caignac et au faîte d'une colline dont les pentes viennent presque expirer au pied de la tour seigneuriale, s'élevait autrefois une vieille église, dont les origines nous sont complètement inconnues et dont le dîmaire appartenait, ainsi que nombre d'églises des environs, aux seigneurs de Laurac, qui étaient, nous l'avons vu, les suzerains du pays.

Cette église avait saint Jean pour patron et on l'appelait, à cause de cela, Saint-Jean-de-Caprescorjade *(de capra scoriata,* de la chèvre écorchée), dont la corruption a fait plus tard le nom de Crabescorge, nom porté encore par une métairie bâtie sur l'emplacement et avec les débris de la vieille église disparue.

A l'origine et dès les commencements, elle fut rattachée à la petite préceptorerie du Rival ou de Saint-Michel-de-Lanès, et elle ne tarda pas à devenir une annexe de Caignac et le membre le plus rapproché du chef-lieu de cette commanderie.

Nous avons cru devoir, par respect pour ce passé que nous aimons, conserver ici les quelques détails intéressants que nous fournissent les archives sur ce dîmaire dont il ne reste plus aujourd'hui qu'un vague souvenir.

La plus ancienne donation que nous aient conservé les archives de Saint-Jean-de-Caprescorjade est intéressante à noter; elle provient de la générosité d'une noble et ancienne famille, qui s'était dévouée, corps et âme, à l'Ordre naissant des Hospitaliers : c'étaient les seigneurs de Saint-Michel. A l'exemple de la puissante lignée des de Laurac, qui créait, enrichissait et protégeait, dans le Lauragais, les premières fondations de l'Ordre de Saint-Jean, les seigneurs de Saint-Michel comblèrent l'Hôpital de leurs bienfaits. Leur générosité parut inépuisable.

Au mois d'avril 1165, Bernard de Saint-Michel, celui-là qu'on surnommait Siméon, et sa femme Aiceline, donnèrent à Guiraud de Corneillan, maître de Toulouse et de Gascogne, un « casal » ou pièce de terre située dans le dîmaire de Saint-Jean-de-Caprescorjade, avec toutes ses dépendances, hommes et femmes, vignes, terres cultes et incultes, arbres, prés, etc., etc. Le seigneur Pons de Saint-Michel, frère de Bernard, approuvait cette première donation, qui avait pour témoins B. de Saint-Michel, abbé de Sorèze, Pierre d'Astugue, Sicard de Laurac, Pons de Latour, Isarn de Villeneuve, Arnaud de Varagne, etc. (Voir pièces justificatives) [1].

Ce fut le commencement de ces pieuses libéralités par lesquelles cette noble famille mérita la gratitude de l'Ordre de Saint-Jean. Déjà quelques années auparavant, elle avait cédé aux Hospitaliers l'entière seigneurie de l'église Saint-Jean-du-Rival et des terres qui en dépendaient. Les Chevaliers en formèrent immédiatement une petite préceptorerie, et ce fut Aiceline de Saint-Michel, la

1. Arch. dép. de la Haute-Garonne, fonds de Malte. Saint-Jean-de-Caprescorjade, l. I, n° 7.

donatrice, qui, après la mort de son époux, étant entrée
dans l'Ordre de Saint-Jean, comme sœur *donate*, en devint, par un privilège assez rare, la première commanderesse [1].

Deux ans plus tard, au mois de mars 1167, nous re-
trouvons encore Bernard de Saint-Michel et sa femme
Aiceline qui cèdent, par une nouvelle donation, non plus
le *casal* dont nous avons parlé, mais eux-mêmes, corps
et âmes, et tout *l'honneur* qu'ils possèdent dans le territoire (*in terminio*) de Saint-Jean-de-Caprescorjade et tous
les droits dont ils jouissaient, tant sur l'église que sur
les terres, et ils s'engageaient, en outre, à verser tous les
ans, au chapitre de Saint-Gilles, vingt sols de melgueil
pour leur entretien et la reconnaissance de cette donation.

Un seigneur des environs, très attaché à la famille de
Saint-Michel, Bernard de Barcian, imitait leur générosité,
et se donnait, à son tour, lui et tous les biens qu'il avait
à Saint-Jean-de-Caprescorjade, à l'Hopital de Saint-Jean,
sous la condition que Bernard et Aiceline de Saint-Michel
jouiraient, jusqu'à leur mort, des droits qu'il abandon-
nait; à la charge pour ceux-ci de verser, chaque année,
pour son entretien et sa nourriture, vingt sols de Melgueil, au prieur du chapitre de Saint-Gilles.

Voici maintenant Sicard de Laurac, et sa femme
Tiburge, qui, pour l'amour de Dieu et la rémission de
leurs péchés, reconnaissent, comme suzerains, la légiti-
mité de ces pieuses largesses, et après les avoir approu-
vées, s'engagent, sous la foi du serment, à protéger et à
défendre donateurs et donations : *Quod has donationes,*

1. Du Bourg, *op. cit.*, p. 126.

sicut in hanc cartam scriptæ fuerunt, manu teneam et defendam pro posse meo, et te et uxorem tuam et Bernardum de Barciano et omnes in eo habitantes [1].

En 1153 et la deuxième férie du mois de juillet, G. de Gardouch (*de Gardog*), fils de Bernard del Fossat, donne à l'Hôpital Saint-Jean tous les droits qu'il possède en l'église de Saint-Jean-de-Caprescorjade et qu'il tient de Raymond Pons de Caraman (de Charamano), et cela en présence d'Arnaud del Fossat, de Pons, chapelain del Fossat et de Jean de Mont-rorig [2].

En 1173, Arnaud Charbonnel et Willelm, son frère, donnent à l'Hôpital du Rival tout ce qu'ils ont dans les dîmaires de Saint-Jean-de-Caprescorjade et de Saint-Marcel, en présence de Raymond de la Vallée (*de Valle*), prêtre du Rival, de Bernard de Barcian, Pons de la Serre, Raymond du Castel, Magnet de Pamiers (de Appamia) [3].

En 1191, Pierre de Marquein (*de Marchunio*) surnommé Subirat, et sa femme Albia, pour suivre les conseils de Bernard et d'Arnaud de Marquein, donnent à l'Hôpital du Rival, à Pons Raymond Garsie, et au commandeur Roger de la Rive et à Bernard de Barcian, tout ce qu'ils possèdent au dîmaire de Saint-Jean de Caprescorjade, toute la condamine de Cobedel ou Copadel et la part de dîme qu'ils possèdent en la ville de Saint-Michel. Témoins de cette donation : Raymond, chapelain de La-

1. Arch. dép. de la Haute-Garonne, fonds de Malte. Caignac, l. I, pièce non numérotée.
2. Arch. dép. de la Haute-Garonne, fonds de Malte. Caprescorjade, l. I, n° 2.
3. *Idem*, l. I, n° 4.

combe ; Guillaume de Castlar, Bernard Amiel du Fossat [1].

En 1224, c'est Hugues d'Alzonne (*Alsonæ*) qui continue dans le siècle suivant la série de ces libéralités. « Je « donne, dit-il, à Dieu tout-puissant, à la bienheureuse « Marie sa Mère, au bienheureux Jean-Baptiste, aux pau- « vres de l'Hôpital de Jérusalem d'outre-mer, et à toi « Bertrand de Cobirac, prieur de la maison de Toulouse, « et à toi Willelm de Boyer, précepteur de la maison de « Caignac, et à toi frère Pons, procureur de ladite mai- « son, et à tous les autres frères présents et futurs, tout « le droit que je possède et que je peux posséder dans « l'église Saint-Jean-de-Caprescorjade, à savoir sur les « dîmes, les prémices, etc.

« Ce don, je le fais pour l'amour de Dieu, la rédemp- « tion de mon âme et le salut de tous mes parents, et par « cet acte, je mets l'Hôpital de Caignac en possession de « tous ces droits, et je reconnais volontiers que les frères « de l'Hôpital m'ont donné xv sols de melgueil (*cari-* « *tatis*). »

Ceci se passait le 4 août 1224, Louis étant roi de France, Raymond, comte de Toulouse, Foulque étant évêque.

Quelques années plus tard, en 1230, Bernard d'Issus et son frère Grimaud cédaient, « au titre d'une vente par- faite » à Sanche de l'Epée, prieur de Toulouse, et à Ber- nard Amiel, précepteur de Caignac, tous les droits dont ils jouissaient à Saint-Etienne de Caignac « et dans l'al- leu, le territoire et le dîmaire de Saint-Jean de Capres- corjade. » On peut voir, à nos Pièces justificatives, ce do- cument intéressant, et l'énumération de tous les droits

---

1. Arch. dép. de la Haute-Garonne, fonds de Malte, Caprescor- jade, l. I, n° 1.

que les seigneurs d'Issus vendaient à l'hôpital pour la somme de 30 sols tolsans. (Pièce justific., n° VIII.)

A la suite de ces donations et de ces ventes, parmi lesquelles nous citons seulement les plus importantes, les chevaliers de Saint-Jean étaient devenus les seigneurs spirituels et temporels du lieu de Saint-Jean-de-Caprescorjade.

Leurs droits spirituels furent toujours respectés. La perception de la dîme donna lieu cependant, au treizième siècle, à une difficulté qui s'éleva entre le commandeur Bernard de Fau et Willelm Barasc, chapelain de Beauteville. Cette difficulté fut vite aplanie par frère Bernard de Renneville, qui, du consentement des deux parties, fit délimiter exactement les territoires contestés, et cette délimitation mit fin au litige (1287)[1].

Il n'en fut pas de même pour l'exercice et la perception des droits temporels, et en particulier pour l'exercice du droit de justice. On ressentit à Saint-Jean-de-Caprescorjade le contre-coup des procès que soutenaient alors les commandeurs contre les officiers du roi, à propos de la juridiction.

En 1314, au moment où la lutte était la plus aiguë, les habitants du Capmas des Rougiès refusèrent obéissance au juge du commandeur, et celui-ci dut les citer devant le juge royal d'Avignonet, qui les déclara justiciables du commandeur de Caignac, comme étant situés au lieu de Caprescorjade[2].

Quelques années plus tard, en l'an 1320, c'étaient les

1. Arch. dép. de la Haute-Garonne, fonds de Malte. Caprescorjade, l. I, n° 33.
2. *Idem*, l. I, n° 28.

consuls de Saint-Michel-de-Lanès qui, sans y avoir aucun droit, se permettaient de faire des impositions et de prélever certains droits à Saint-Jean-de-Caprescorjade. Le commandeur dut faire un acte de protestation pour le leur défendre et prouver que le territoire de Saint-Jean de Caprescorjade était tout entier sous sa juridiction [1].

Pour mettre un terme aux différends qui divisaient les commandeurs et les habitants de Caprescorjade, le bailli royal d'Avignonet avait trouvé un moyen bien simple : déposséder les premiers de leurs droits, et appeler les seconds devant son tribunal; et pour que personne n'ignorât ses intentions et ne méconnût sa pensée, il avait créé un sergent à Caprescorjade et l'y maintenait pour représenter son autorité. Le commandeur Guillaume de Rélhane avait énergiquement protesté contre cette injustice, et comme le bailli ne voulait pas retirer son officier, le commandeur fit appel à l'autorité supérieure et chargea son procureur Frère Guillaume Aygra, prêtre, de le défendre (1324) [2].

Quelle fut la décision du nouveau tribunal devant lequel l'affaire fut portée? nous ne savons. Elle dut être favorable aux chevaliers de Saint-Jean, puisque nous voyons, en l'année 1345, le commandeur Guichard de L'Ongle, créer, lui aussi, un juge et un sergent au Capmas des Rougiès et à Caprescorjade [3], maintenu qu'il est en la justice haute, moyenne et basse de ces deux lieux.

1. Arch. dép. de la Haute-Garonne, fonds de Malte. Caprescorjade, l. I, nᵒ 27.
2. *Idem*. Caprescorjade, l. I, nᵒ 29.
3. *Idem*, l. I, nᵒ 16.

Dès ce moment, les chevaliers seigneurs de Caignac purent jouir paisiblement des droits seigneuriaux qu'ils possédaient à Caprescorjade et des revenus qu'ils y percevaient. Les archives, en effet, ne nous apprendront plus rien sur cette vieille église, et après nous avoir fait connaître quelques détails de son existence, elles nous tairont l'histoire de sa fin. Cette fin fut-elle tragique? Ou bien cette église tomba-t-elle peu à peu, pierre à pierre, sous les injures du temps?

La première hypothèse nous paraît vraisemblable. Le Lauragais fut traversé, à la fin du seizième siècle, par toute l'armée des princes protestants[1], et de 1560 à 1590, les bandes hérétiques commandées par le vicomte de Calmont, le cadet de Lévis, les sires de Saint-Léon et de Montagut mirent le pays à feu et à sang. On sait avec quelle rage et quelle audace elles s'attaquaient aux églises et aux couvents[2]. La petite église Saint-Jean-de-Caprescorjade, isolée, sans défense, trop éloignée de Caignac pour pouvoir être secourue en temps utile par la petite garnison du château, fut, sans doute, détruite à ce moment-là.

Une vieille tradition locale, qu'on se raconte de père en fils, confirmerait cette supposition[3]. D'après cette tradition, l'unique cloche de Caprescorjade aurait été transportée par les hérétiques au fond de la vallée, et là, ils l'auraient précipitée dans une fontaine qui coule encore, au pied de l'antique cimetière, et que de vieux documents

1. Dom Vaissete, livre XXXIX.
2. Roschach, *op. cit.*, pp. 373, 400, 447.
3. Nous utilisons cette tradition, mais sous toutes réserves, on le comprend.

appellent *la font Castellane*, peut-être parce qu'elle
dépendait, comme tous les environs du château de Caignac, dont on aperçoit le donjon, peut-être aussi parce
qu'autrefois, aux douzième et treizième siècles, elle
avait appartenu à la famille de Castelar, qui avait des
biens dans le voisinage et qui lui aurait donné son
nom.

Ainsi que cela arrive maintes fois, cette tradition orale,
fondée très probablement sur la réalité des faits et la vérité historique, s'est parée, dans la suite, d'une légende
un peu triste, mais d'où se dégage un charme pénétrant
de poésie. Quand, pendant les nuits d'hiver, le *marin*
(vent d'autan) au souffle impétueux secoue saules et peu-
pliers qui bordent la font Castellane et chante à travers
leurs branches sa lugubre chanson, on croit entendre un
gémissement sourd et lointain monter des profondeurs
jusqu'à la surface de l'eau. C'est la vieille cloche ensevelie; de sa voix étouffée, elle sonne encore un glas fu-
nèbre, berçant le dernier sommeil des morts et conviant
les vivants à une suprême prière.

Pendant longtemps, les ruines de cette église subsis-
tèrent, objet d'un respect religieux, quand le tenancier
des terres voisines s'en empara et se hâta de les utiliser.
Voici ce que nous apprend, à ce sujet, la visite de
frère Louis-Hippolyte, de Varagne-Gardouch-Bélesta,
commandeur de la Tronquière, et de frère Etienne
Reynes (29 août 1753) : « Plus il est dit, dans la visite
« du 25 juillet, que l'église de Caignac jouit environ
« d'un arpent de bois où étaient les masures d'une église
« appelée Crabescorge, lesquelles masures ont ete dé-
« truites, cette année, par le sieur Marquié, qui s'est
« approprié le dict fonds; ordonnons de le faire revenir

« à l'église et de lui faire payer les matériaux dont il
« s'est servi pour bâtir la métairie. »

Quelques vieilles pierres disséminées dans les murs
d'une ferme, quelques ossements soulevés par le soc de
la charrue, au penchant de la colline : voilà tout ce qui
reste actuellement de cet antique dîmaire dont nous
avons voulu, en le précisant, conserver le souvenir.

APPENDICE II.

LISTE DES COMMANDEURS DE CAIGNAC.

113.. Raymond de la Bruguière (Brogera).
1140-1152. Bernard d'Azillan.
1153. Raymond de Boville.
1166. Raymond Petit.
1171. Géraud de Saint-André.
1172. Bernard de Gavaldan.
1173. Hugues de Sordèze (de Sordizia).
1175-1176. Gausfred.
1178-1182. Raymond Matfred.
1192. Pierre Soubiran.
1200. Raymond de Saint-Just.
1201. Boson.
1202-1204. Raymond de Rieux.
1205. Guillaume Raymond.
1208. Bernard de Fau.
1209-1213. Pons.
1223-1214. Guillaume de Lordat.
1215-1223. Pons.
1223-1224. Athon de Vacquiers.
1224-1225. Guillaume de Boyer.
1225-1226. Géraud de Miramont.
1228-1230. Bernard-Amiel de Pailhès.
1231-1232. Roger de Saint-Mézard.

1235-1236. Pierre d'Arrens.

1237. Sanche de l'Epée.

1238. Guillaume de Saint-Romain.

1239. Pierre de Cayrane.

1246. Pons d'Aubigné (de Albinho).

1250-1255. Sicard de Miramont.

1256-1258. Bertrand de Fau.

1258-1262. Sicard de Miramont.

1262-1263. Azémar de Miramont.

1264. Guillaume de Las Tours.

1266. Guillaume de Saint-Jean.

1267. Fabre de Virac.

1269-1272. Albert de Rosset (de Roseto).

1272-1276. Guillaume du Puy (de Podio).

1277-1278. Gaillard de Caritat.

1278-1279. Géraud de Colomb.

1280-1284. Bernard de Savignac.

1285. Arnaud de la Mastre.

1286-1288. Raymond de Saint-Just.

1291-1295. Armengaud des Aiguilliers.

1299. Arnaud Raymond de Montlaur.

1301-1306. Bernard de Villars.

1306. Bertrand de Marquein.

1307-1308. Elie ou Elzéar de Montdragon.

1309-1310. Raymond de Valmale (Valle-Mala).

1311-1312. Bertrand de Jocon.

1313-1314. Pierre de Caylus.

1314-1315. Pons de Castelnau.

1315-1316. Guillaume de Chavanon.

1316-1317. Raymond de Carbus.

1317-1318. Raymond d'Albi (de Albia).

1323. Guillaume Aymeric.

1323-1330. Guillaume de Relhane.
1332. Réginald de Mirepoix.
1322-1339. Stulte de Ruthène.
1345-1358. Guichard de l'Ongle.
1359-1361. Pons de Rafaud.
1370. Guibert de Buzens.
1380-1391. Bernard de Belpech.
1393-1396. Bertrand Claustra.
1397-1398. Aymeric de Montlaur.
1389-1400. Elie de Rossac.
1422. Bernard d'Aspet.
1437. Pierre de Raffin.
1457-1478. Guillaume de Calmont.
1489-1499. Jean de Roquelaure Saint-Aubin.
1494-1495. Bernard de Montlezun.
1497-1508. Gaston de Verduzan.
1512. Jean Salomon.
1513-1534. Géraud de Massas.
1541-1545. Philippe du Broc.
1560-1561. Balthasar de Coulans.
1570. Philippe de Vir-Toulanés.
1578. Bernard de Lescur-Romégas
1580. François de Moreton-Chanberian.
1599-1607. Arthur de Glandevez-Pépin.
1611-1617. Jean de Rodulphe-Beauveser.
1618-1628. Georges de Castellane.
1629-1634. Jacques de Châteauneuf-Montléger.
1635-1661. Louis de Terssac-Montberault.
1668-1670. Gabriel de Grillet-Cazilhac.
1690. François de Robin de Barbentane.
1695-1697. Gaspard de Blacas-Carros.
15 mai 1699-1702. Paul de Baroncels-Javon.

     1709. François-Magdelon de Meynier-Saulces.
     1714. Pierre de Demandolz.
     1726. Joseph de Forbin-d'Oppède.
1736-1743. Jean-Antoine-d'Hautpoul.
1749-1765. Joseph-Gabriel de Thomas de Gignac.
1767-1769. Louis de Franc-Montgey (administrateur).
     1774. Félix-Charles de Galéan-Gadagne.
     1783. N... d'Eaulx.
1787-1789. De Jarente-la-Bruyère.

APPENDICE III.

20 mars 1643. Suzanne Grise, veuve de Pierre Dagut, notaire royal de Caignac, ensevelie à la chapelle Saint-Etienne.

25 oct. 1647. Bertrand Rey, enseveli devant la porte de la chapelle Saint-Etienne.

18 janv. 1691. Jean Marquier, notaire royal, enseveli dans l'église, près la chapelle Saint-Barthélemy.

2 fév. 1692. Guillaume Belard, agent du commandeur de Barbentane, enseveli à la chapelle du Purgatoire.

1er mars 1692. Antoine Dessert, précepteur des enfants de Jean Marquier, notaire, enseveli au porche de l'église.

26 sept. et 3 oct. 1692. Jean Marquier et Yvonne Marquier, enfants de Jean Marquier, notaire royal, et de Françoise de Bonnefoy, furent ensevelis dans l'église paroissiale.

26 nov. 1697. Jean Rey, enseveli en la chapelle Sainte-Croix.

17 fév. 1706. Germaine Marquié, ensevelie en la chapelle Saint-Barthélemy.

21 janv. 1707. Demoiselle Françoise de Gamoy, fille de noble Jean de Gamoy, sieur de Sainte-Foy, et de demoiselle Anne Dagut, ensevelie en la chapelle Saint-Etienne.

23 avril 1707. Anne Dagut, épouse de Gamoy, ensevelie en la chapelle Saint-Etienne.

3 sept. 1711. Deux filles jumelles de Jean-François Marquié, capitaine et bailli du château de Mazères, et de demoiselle Françoise de Cussol, ensevelies en la chapelle Saint-Barthélemy.

15 sept. 1722. Suzanne Bonis, fille de Paul Bonis et de demoiselle Henriette d'Augery, ensevelie dans l'église.

17 juin 1726. Maistre Pierre Bertrand, curé de Caignac, enseveli dans le sanctuaire de l'église[1].

3 janv. 1723. François de Bonnefoy, en la chapelle Saint-Barthélemy.

3 juin 1732. Claire de Gamoy (8 ans), en la chapelle Saint-Etienne.

9 sept. 1733. Dame Marie-Anne de Laval de Sainte-Foy, en la chapelle Saint-Etienne.

5 mai 1739. Maître Jean Martin, curé de Caignac, enseveli dans la chapelle du Purgatoire de l'église de Caignac.

12 oct. 1747. Jean-François Marquié, capitaine et bailli

---

1. Ce prêtre avait établi, par son testament enregistré par Me Joncqua, notaire de Salles, le 22 octobre 1722, une rente annuelle de 500 livres pour marier les filles pauvres de Caignac. Le curé avait l'administration et le revenu, et il était chargé d'en rendre compte au juge de la commanderie et aux consuls. Les sommes données aux jeunes filles devaient leur être reconnues par contrat de mariage.

de la ville et château de Mazères, enseveli dans la chapelle Saint-Barthélemy.

22 févr. 1771. Maître Pierre Vivié, curé de Caignac, mort subitement à l'âge de cinquante et un ans, enseveli en la chapelle Notre-Dame de l'église de Caignac.

TABLE DES MATIÈRES.